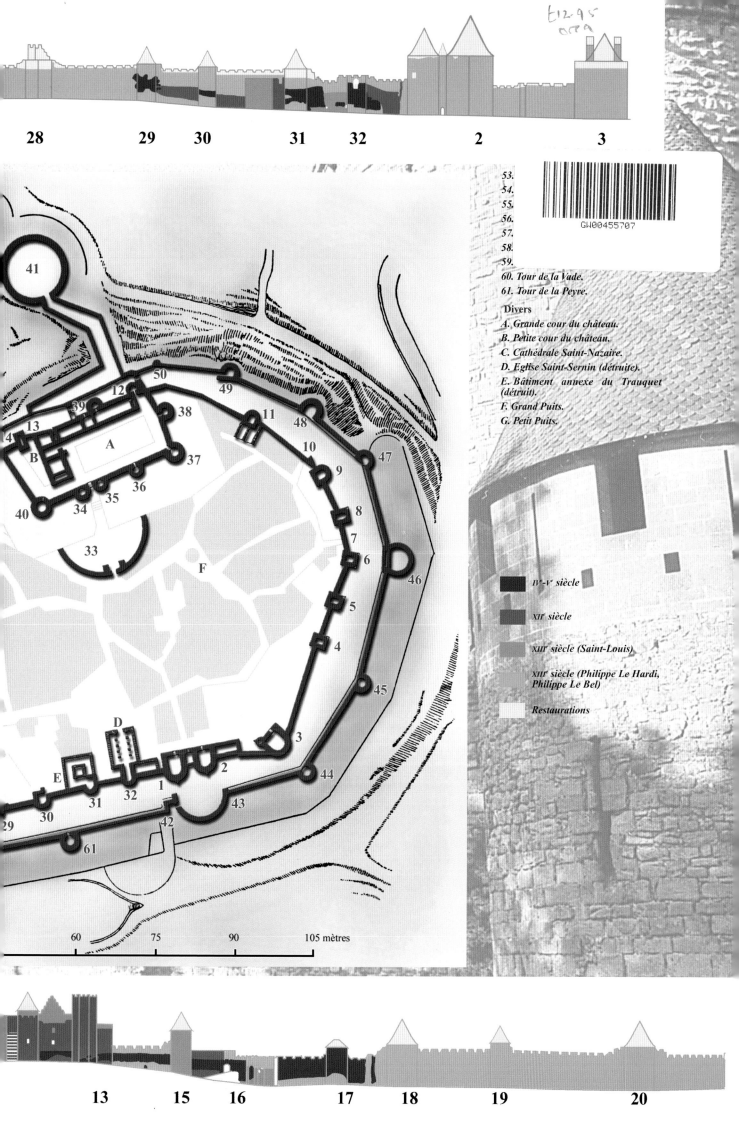

28   29   30   31   32   2   3

E12.95
ota

53.
54.
55.
56.
57.
58.
59.
60. *Tour de la Vade.*
61. *Tour de la Peyre.*

Divers
A. *Grande cour du château.*
B. *Petite cour du château.*
C. *Cathédrale Saint-Nazaire.*
D. *Eglise Saint-Sernin (détruite).*
E. *Bâtiment annexe du Trauquet (détruit).*
F. *Grand Puits.*
G. *Petit Puits.*

GW00455707

IVᵉ-Vᵉ siècle

XIIᵉ siècle

XIIIᵉ siècle (Saint-Louis)

XIIIᵉ siècle (Philippe Le Hardi, Philippe Le Bel)

Restaurations

60   75   90   105 mètres

13   15   16   17   18   19   20

François de Lannoy

La Cité
de Carcassonne

HEIMDAL

Introduction

De nombreuses villes, en France et ailleurs en Europe, ont gardé des éléments de fortification (châtelets, tours, courtines) mais rares sont celles qui présentent un ensemble complet. En effet, l'installation d'une paix durable puis le développement démographique ont conduit la plupart de ces villes à se débarrasser de fortifications devenues inutiles et qui comprimaient leur espace. Souvent, l'enceinte urbaine a donné naissance à un boulevard et les pierres récupérées lors de la démolition des ouvrages ont servi à l'édification de nouvelles maisons. La cité de Carcassonne a échappé à ce processus pour plusieurs raisons. Le dédoublement de la ville en 1247, à la suite de la création d'une bastide dans la plaine d'Aude, a marginalisé la cité et a rendu inutile toute extension, d'ailleurs difficile en raison de la configuration des lieux. Enfin, l'action vigoureuse menée au XIXᵉ siècle par les érudits locaux relayés par Viollet-le-Duc a permis de sauver les fortifications de la ruine et même de la destruction à une époque où les remparts et les tours commençaient à servir de carrières de pierres. Il faut souligner enfin le remarquable travail de reconstitution mené à bien par Viollet-le-Duc et ses successeurs sans lesquels la cité serait restée figée dans ses ruines.

Cette conjonction de trois facteurs, fruits des hasards de l'Histoire, nous permet aujourd'hui d'admirer le plus bel et le plus vaste ensemble fortifié urbain que nous ait laissé le Moyen Age : deux enceintes délimitant un espace d'un peu moins de sept hectares, quatre portes, cinquante-deux tours et un château, véritable citadelle dans la citadelle.

Avec près de deux cents documents photographiques (dont une vingtaine datant de l'époque des restaura-

tions), cet album est conçu comme un voyage dans le temps et dans l'espace. Après avoir rappelé les grandes étapes de l'histoire de la cité et de sa restauration, il propose une visite détaillée des deux enceintes et du château « comtal ».

L'auteur adresse tous ses remerciements à Monsieur le curé de la basilique Saint-Nazaire qui nous a permis d'accéder à la chapelle de l'évêque Radulphe, à Madame Caucanas, directrice des Archives départementales de l'Aude et au personnel de ces archives, au guide de la cité qui a bien voulu répondre à ses questions, à Jean-Pierre de Guibert qui nous a fait profiter de sa riche documentation et à Florence Huc qui a relu notre texte.

Texte et légendes des photos de François de Lannoy. Sauf mention contraire, toutes les photos sont de l'auteur.

L'auteur : François de Lannoy, docteur en histoire, historien, auteur de nombreux articles dans la revue *Moyen Age* dont il est rédacteur en chef adjoint. Il a déjà publié dans cette collection *La Croisade albigeoise* (en collaboration) et *Les bastides du Languedoc*.

Le livre : Avec cinquante-deux tours, quatre portes et de nombreux ouvrages défensifs, la cité de Carcassonne est l'ensemble fortifié le plus complet que le Moyen Age nous ait laissé. Cet album, riche de près de 200 photos (dont une vingtaine prises avant et pendant les restaurations), propose un panorama de l'histoire de la cité et de ses restaurations ainsi qu'une description complète des enceintes et du château « comtal ».

La cité à travers les âges

Située le long de l'Aude, au point de rencontre de deux axes de circulation reliant le monde méditerranéen au monde aquitain et plus localement, le site de Carcassonne occupe une position stratégique. Peuplé dès le VIe siècle avant Jésus-Christ, il se développe rapidement et devient un centre politique et économique.

Les origines

Les fouilles archéologiques de ces trente dernières années ont permis de renouveler l'histoire des origines de la cité de Carcassonne.

Un premier centre de peuplement est attesté à un kilomètre au sud-ouest de la cité actuelle, sur le plateau de Carsac. Au VIIe siècle avant Jésus-Christ (premier âge du fer), ce site est défendu par des retranchements importants. Il s'étend sur 25 à 30 hectares et comprend une population assez nombreuse (un millier d'habitants ?), ce qui en fait un des plus vastes habitats connus de la Gaule du Sud. On y a découvert des traces de cabanes en torchis, plus de cinq cents silos où étaient conservés des grains ainsi que des éléments attestant d'une activité artisanale (tissage, poterie, métallurgie du bronze notamment). La présence de céramiques grecques, étrusques, phénico-puniques montre que Carsac entretenait un commerce actif avec le pourtour méditerranéen.

Au milieu du VIe siècle avant Jésus-Christ, le site de Carsac est progressivement abandonné. Les silos et les fossés sont comblés. Les habitants se fixent un peu plus au nord-est, sur le plateau qui domine l'Aude, emplacement de la cité actuelle. Les raisons de ce déplacement ne sont pas connues. Plusieurs hypothèses sont formulées. Le développement des activités commerciales a pu inciter les habitants de Carsac à se rapprocher de la plaine de l'Aude, grand axe de communication. Moins étendu (7 hectares), le site choisi est plus facilement défendable, notamment du côté de l'Aude et de la plaine dont il est séparé par un talus prononcé.

Les sondages effectués dans la cité permettent de mieux préciser les différentes étapes du peuplement et de l'activité du nouvel *oppidum*. Ces fouilles ont permis de déterminer trois couches successives d'occupation correspondant à trois grandes séquences. Le premier niveau (VIe et Ve siècles avant Jésus-Christ) montre que l'*oppidum* était avant tout un « centre de contrôle et de commandement d'un territoire agricole » (1). Les activités artisanales y sont peu développées. Le second niveau (IVe et IIIe siècles avant Jésus-Christ) révèle peu de changements. L'*oppidum* est habité par des paysans, des éleveurs et quelques artisans. L'habitat consiste en de petites maisons de torchis et d'argile crue maintenues par des poteaux. La poterie retrouvée est surtout locale, ce qui montre un ralentissement des échanges. Le troisième niveau (IIe et Ier siècles avant Jésus-Christ), témoigne au contraire d'un renouveau économique. L'*oppidum* s'agrandit au nord-est. L'étude des fragments de poterie mis à jour montre la « montée en puissance » des marchands romains. Carcassonne (le nom apparaît pour la première fois au Ier siècle, cf. plus bas), semble jouer un rôle commercial important. L'*oppidum* a visiblement profité de l'accentuation de la domination romaine en Espagne et dans le Languedoc occidental et du développement des échanges (céréales, vin, métal) qui en a résulté. Son emplacement stratégique à un carrefour fait de lui un important centre de transit.

Carcassonne de l'époque romaine aux invasions barbares

Comme pour les périodes plus anciennes, les fouilles archéologiques menées depuis une cinquantaine d'années ont renouvelé la connaissance de l'histoire de Carcassonne à l'époque romaine. Elles ont permis de pallier l'absence de textes et ont remis en cause les hypothèses formulées par les historiens de la cité. Au XIXe siècle, l'érudit carcassonnais, J.P. Cros-Mayrevieille voyait en effet dans la Carcassonne romaine une véritable capitale régionale alors que J. Poux, auteur d'une monumentale histoire de Carcassonne parue entre les deux guerres, un médiocre camp militaire. Les données actuelles laissent penser qu'il s'agissait plutôt d'une petite ville commerçante profitant des richesses de son arrière-pays.

En 118 avant Jésus-Christ, les consuls Cneius Domitius Aenobarbus et Licinius Crassus fondent la colo-

(1) SATGÉ (P.) *La cité de Carcassonne, des pierres et des hommes*, p.22

Parmi les plus anciens documents conservés aux Archives départementales de l'Aude, figure cet acte du 20 octobre 821 dans lequel Oliba I, comte de Carcassonne et sa femme, Elemtrude, font donation avec précaire à Adalric, abbé de Lagrasse, et au monastère, du domaine de Faviés (terre d'Arquettes en Val) moyennant la redevance annuelle de 20 sous. Premier comte héréditaire de Carcassonne (819-837 ?) Oliba I serait issu de la famille de Guillem, duc de Toulouse. (A.D. Aude, H 23.)

nie de Narbonne. La région de Carcassonne, alors occupée par le peuple gaulois des Volques tectosages (2), est englobée dans le territoire de la nouvelle colonie. L'établissement de la colonie de Narbonne contribue à l'amélioration des échanges commerciaux entre le Sud de la Gaule et l'Italie. Ce regain d'activité commerciale profite à Carcassonne. De nouveaux quartiers se créent au pied de l'*oppidum*, côté nord, le long de la voie d'Aquitaine, axe majeur par où transitent les marchandises provenant de Gaule.

C'est vers 30 avant Jésus-Christ qu'est fondée la colonie de *Julia Carcaso*. Cette dernière figure dans la liste des vingt cités de la province sénatoriale, donnée par Pline l'Ancien dans son *Historia Naturalis* sous le nom de *Carcaso Volcarum Tectosagum*. Emancipée de la colonie de Narbonne, la nouvelle cité contrôle un territoire correspondant probablement à l'ouest du bassin audois.

On sait peu de chose du développement de cette cité pendant le Haut-Empire. Beaucoup moins importante que celles de Narbonne et de Toulouse, la cité de Carcassonne apparaît comme « *un centre urbain secondaire à vocation administrative et commerciale, tourné vers son arrière-pays* » (3).

L'archéologie montre d'importants remaniements au début de l'Empire. La plate-forme inclinée servant d'assise à l'*oppidum* est élargie grâce à une série de nivellements et de remblayages pouvant atteindre plusieurs mètres dans les zones périphériques. Des fondations profondes en moellons de grès hourdés à la chaux, d'orientation identique, séparées par des rues et ruelles, mises à jour lors des fouilles, laissent supposer l'existence d'un plan orthogonal. D'autres découvertes (mosaïque noire et blanche sous le château comtal, fragments de dallages en mortier rose à l'emplacement du théâtre actuel, bâtiment gallo-romain avec des enduits peints caractéristiques du Iᵉʳ siècle dans le secteur de la tour du Tréseau) confir-

ment le développement d'un véritable noyau urbain. On note en revanche l'absence de monuments publics et de lieux de culte. A la même époque, l'agglomération située au pied de l'*oppidum*, de part et d'autre de la voie d'Aquitaine, poursuit son extension. Ici encore, la découverte de fondations et des silos montrent le dynamisme de ce quartier à vocation commerciale. Ce phénomène de dédoublement (une ville haute, une ville basse) est une constante de l'histoire de Carcassonne.

On est peu renseigné sur l'époque du Bas-Empire. Le IIIᵉ siècle est marqué par la fin de la paix romaine. Aux brigandages et aux pillages, s'ajoutent la récession économique et l'émiettement du pouvoir. Puis surviennent les premières invasions. En 257, les Alamans traversent le sud de la Gaule et atteignent l'Espagne. Ils sont suivis en 275 par les Germains. Comme la plupart des autres cités gallo-romaines, Carcassonne se dote d'une enceinte. L'existence de cette enceinte est attestée par l'itinéraire du pèlerin de Bordeaux à Jérusalem (333) qui emploie pour Carcassonne le terme de « *castellum* ». Cette enceinte primitive est-elle celle dont on peut admirer des restes de nos jours ? Cette question a fait l'objet de nombreux débats et les spécialistes sont encore partagés entre l'hypothèse gallo-romaine et l'hypothèse « wisigothe » (cf. encadré).

Une fois la paix revenue (fin du IIIᵉ siècle), Carcassonne reprend son développement. Le faubourg situé au nord s'agrandit et s'entoure d'un mur d'enceinte rattaché à celui de la ville haute. Cependant, à la fin du IVᵉ siècle, la ville a perdu de son importance puisqu'elle n'est plus mentionnée parmi les cités de la Narbonnaise.

Le Vᵉ siècle est marqué par les invasions barbares, l'insécurité et les guerres. Entre 406 et 409, les Vandales traversent le pays carcassonnais. Puis en 412, c'est au tour des Wisigoths qui s'installent en

(2) Le peuple des Volces ou Volques se divisait en deux groupes, les *Arecomici* et les *Tectosages*, et occupaient, dans la Narbonnaise, l'intervalle compris entre le Rhône et la Garonne. Les Tectosages, qui étaient réputés venir de Galatie, étaient établis entre Toulouse et Narbonne.

(3) SATGÉ (P.), *op. cit.*, pp. 27-28.

Espagne mais s'étendent aussi en Gaule entre Bordeaux et Toulouse. Entre 413 et 415, Carcassonne est alternativement occupée par les Wisigoths et les troupes romaines. En 439, la région de Carcassonne passe sous le contrôle des Wisigoths, suite à un accord conclu entre le roi wisigoth Theodoric Ier et l'Empereur Valentinien. En 462, c'est l'ensemble de la Narbonnaise qui est dominée par les Barbares. Il reste très peu de traces de l'occupation wisigothe à Carcassonne en dehors des éléments de tours et de remparts si ces derniers doivent leur être attribués.

Le Moyen Age

Au début du VIe siècle, le royaume wisigoth s'effondre sous la poussée des Francs qui s'emparent de l'Aquitaine. En 507, Clovis est vainqueur d'Alaric II à Vouillé. A la suite de cette bataille, Toulouse passe dans l'orbite franque. Carcassonne est désormais située aux marches de ce que l'on désigne désormais sous le nom de Septimanie et devient un point d'appui essentiel pour les Wisigoths.

En 508, selon le chroniqueur Procope de Césarée, Clovis assiège la cité mais, ayant échoué, il se replie vers le nord-ouest. Pendant les décennies suivantes, les Francs cherchent en vain à s'emparer de la Septimanie mais ils sont repoussés par les Wisigoths. En 585, d'après Grégoire de Tours, le roi de Burgondie, Gontran, ravage l'arrière-pays carcassonnais. Un de ses lieutenants, Terentiole, comte du Limousin, parvient même à prendre la cité, les habitants lui en ayant ouvert les portes. Mais, suite à un différent entre ce dernier et les guerriers francs, Terentiole est chassé. Il cherche à reconquérir la place mais il est tué d'une pierre lancée des remparts. En 587, le duc Didier, gouverneur de Toulouse, échoue à son tour devant Carcassonne. L'année suivante, Gontran obtient l'allégeance des habitants de la cité mais le succès est de courte durée puisque son armée est écrasée par celle du roi wisigoth Recarède. Après une période troublée, marquée par de nombreux conflits et rebellions et une instabilité politique chronique (fin du VIe-VIIe siècles), le VIIIe siècle voit l'arrivée des Musulmans en Espagne. Ces derniers provoquent la chute du royaume wisigoth et, en 725, le Wali d'Andalousie, Ambasa Ibn Suhayn, s'empare de Carcassonne qu'il soumet à son protectorat. C'est à cette époque que le nom de *Carcaso* se transforme en *Carcasona*, *Carcassione* (il apparaît sous cette forme dans la table de Peutinger) ou encore *Carcachouna* dans les textes arabes. L'occupation arabe, superficielle et courte (entre dix et vingt ans avant le milieu du VIIIe siècle) n'a pas laissé de traces à Carcassonne et dans sa région.

A la fin du VIIIe siècle, les armées de Charlemagne puis celles de Louis Ier le Pieux, chassent les Sarrasins de Septimanie et d'une partie de la Catalogne. Ces deux régions sont désormais rattachées au royaume franc. Cependant, en 793, Abd al-Malik, général de l'émir de Cordoue, tente une dernière incursion. Il organise une expédition punitive au Nord des Pyrénées mais il est battu, sur les rives de l'Orbieu, près de Carcassonne, par l'armée de Guillaume, duc de Toulouse…

- Les premiers comtes de Carcassonne

Après l'expulsion définitive des Sarrasins, la Septimanie se voit appliquer le régime administratif en vigueur à l'époque. L'institution comtale se généralise sur les territoires des anciennes cités. Le *pagus carcassensis* est désormais administré par un comte représentant du roi ou de l'empereur Franc, généralement issu de son entourage proche. Le premier comte de Carcassonne connu, Bellon, est cité dans un diplôme de Charles le Chauve de 812. Ce document mentionne également un certain Gisclafred, successeur de Bellon.

A la mort de Charles le Chauve (877), le pouvoir carolingien se désagrège. A la fin du IXe siècle et au début du siècle suivant, les comtes commencent à s'émanciper du pouvoir central et rendent leurs charges héréditaires. De hauts lignages aristocratiques se forment et, par le jeu des alliances, se constituent de vastes ensembles territoriaux. Le comté de Carcassonne n'échappe pas à ce processus. A partir de 820, une dynastie de comtes se met en place. Son premier représentant, Oliba, est issu de la famille de Guillem de Toulouse. A sa mort, survenue en 849, lui succède son fils ou petit-fils Oliba II. Ce dernier accroît son autorité sur le pays carcassonnais et agrandit ses domaines grâce à des donations faites en sa faveur par Charles le Chauve. A Oliba II, mort au début du Xe siècle, succède son fils Bencion. Cette première dynastie de comtes, titulaire du Carcassès et du Razès, perdure jusqu'au milieu du Xe siècle. A cette époque, Arsinde, probablement héritière du dernier comte, épouse Arnaud Ier, comte de Comminges en partie et comte de Couserans. C'est l'origine de la seconde dynastie des comtes de Carcassonne. A Arnaud Ier, succède son fils Roger Ier, comte de Carcassonne et du Couserans en partie puis son petit-fils, Raymond Ier, mort vers 1010. Ce dernier étend ses domaines en épousant Garsinde, fille et héritière de Guillaume, vicomte de Béziers et d'Agde. Mais son petit-fils et successeur, Roger III, comte de Carcassonne et du Razès, vicomte de Béziers et d'Agde meurt en 1067 sans descendance. Sa succession fait l'objet d'une lutte âpre. Le comte de Barcelone, Raymond-Bérenger I et son épouse, Almodis de La Marche dépensent cinq mille onces d'or pour désintéresser les héritiers de Roger III : sa mère, Rangar-

Dans cet acte daté du 10 mai 837, Richilde, veuve du comte Oliba, prend en précaire la terre de Faviés pour vingt ans moyennant 40 sous par an. (A.D. Aude, H 23.)

de de La Marche et ses deux sœurs, Adelaïde, épouse de Guillaume Raymond, comte de Cerdagne et Ermengarde, épouse de Raymond-Bernard Trencavel, vicomte d'Albi et de Nîmes. Par cette manœuvre, le comte de Barcelone acquiert la totalité des droits sur les comtés de Carcassonne et du Razès. Raymond-Bérenger se rallie les populations locales et spécialement celle de la cité de Carcassonne. Une quarantaine de seigneurs des régions d'Alet et de Carcassonne lui prêtent serment de fidélité.

- Carcassonne, les Trencavel et la croisade albigeoise

Mais les comtes de Barcelone doivent, dans le même temps, faire face à une série de difficultés économiques et dynastiques. Le fils d'Ermengarde de Carcassonne et de Raymond-Bernard Trencavel, Bernard-Aton IV Trencavel (1074-1129) profite de cette situation pour récupérer les domaines de sa mère et s'affranchir de la tutelle barcelonaise. Il se retrouve alors à la tête d'un vaste ensemble territorial comprenant les vicomtés d'Albi et de Nîmes, héritées de son père, et les vicomtés de Carcassonne, Razès, Béziers et Agde, héritées de sa mère. Mais en 1101, Bernard-Aton IV, qui s'intitule désormais vicomte de Carcassonne, part pour la Terre Sainte. Le comte de Barcelone Raymond-Bérenger III, profite de son absence pour dresser les populations contre lui. En 1107, deux ans après le retour de Palestine de Bernard-Aton, les habitants de Carcassonne, très attachés aux comtes de Barcelone, se révoltent. Le vicomte est obligé de s'enfuir et les Carcassonnais prêtent serment de fidélité à Raymond-Bérenger III. Mais avec l'aide de son allié, le comte de Toulouse, Bernard-Aton reprend la ville et punit férocement les chefs du parti barcelonais.

En 1112, Raymond-Bérenger III tente une nouvelle fois de récupérer la vicomté de Carcassonne. Pour faire face à cette nouvelle menace, et en l'absence du comte de Toulouse, parti en Orient, Bernard-Aton s'allie avec le roi d'Aragon Alphonse Ier dont il se constitue le vassal pour le Razès. Cette alliance ainsi que la médiation de l'Eglise fait reculer Raymond-Bérenger III. Les 8 et 9 juin 1112, ce dernier signe un accord au terme duquel il cède définitivement ses droits sur le Carcassès et le Razès en échange de la suzeraineté sur douze châteaux situés sur les terres de Bernard-Aton. Mais les déboires de ce dernier avec les habitants de Carcassonne ne sont pas finis. En 1120, Carcassonne se révolte une nouvelle fois. Le vicomte est obligé de quitter la ville qu'il reprend en 1124, avec l'appui du comte de Toulouse revenu de croisade. De retour dans sa ville, Bernard-Aton réorganise la défense. Suivant un système déjà en vigueur à Nîmes et à Narbonne, il inféode à seize chevaliers fidèles, une tour d'enceinte. Il leur remet en outre une maison dans la cité et un domaine dans la vicomté, pris sur les biens confisqués aux révoltés de 1120. La formule d'investiture impose au chevalier de séjourner sur place avec sa famille, d'assurer un service de guet et de garde et, le cas échéant, de défendre la forteresse et ses bourgs. Ses vassaux, choisis dans la petite aristocratie locale, constituent le noyau de la cour vicomtale.

C'est à partir de 1120-1125 que Bernard-Aton Trencavel se fait construire dans Carcassonne un « palais » dont l'emprise correspond à la partie ouest de l'actuel château « comtal ». Ce *palatium*, mentionné dans une charte du 12 août 1150 est muni de murs épais et d'un crénelage. Il comprend un donjon, différents logis prenant appui sur l'enceinte « antique » toujours en place et une guette dominant la ville et le pays (la tour Pinte). Mais il n'est pas encore séparé du reste de la ville par des fortifications comme le sera le futur château « comtal ».

En 1129, Bernard-Aton IV Trencavel rédige son testament et partage ses possessions entre ses trois fils. A Roger, l'aîné, revient les vicomtés de Carcassonne, Razès et Albi, au second, Raymond Ier, les vicomtés de Béziers et d'Agde et au troisième, Bernard-Aton V, la vicomté de Nîmes. A la mort de Roger, en 1150, Raymond Ier hérite des vicomtés d'Albi, de Carcassonne et du Razès. Il cède par la suite celle d'Agde à son frère cadet.

A Raymond Ier, mort en 1167, succède son fils Roger II, vicomte de Béziers, Albi, Carcassonne et du Razès. En 1171, ce dernier épouse Adélaïde, fille du comte de Toulouse Raymond V. Mais cette politique d'alliance matrimoniale ne résout pas le conflit latent qui oppose les Trencavel à leurs suzerains théoriques, les comtes de Toulouse. Devenus puissants, les Trencavel, soutenus par les comtes de Foix (la sœur de Roger II a épousé Roger-Bernard, comte de Foix), s'opposent aux comtes de Toulouse dans une série de conflits qui marquent la seconde moitié du XIIe siècle. A la fin de cette période troublée et mal connue, les Trencavel se sont complètement émancipés de la tutelle raymondine et leurs possessions, tel « un coin fiché », coupent en deux celles des comtes de Toulouse.

Tout au long du XIIe siècle, Carcassonne occupe une place importante en Languedoc. La cité, qui a conservé l'essentiel de ses fortifications antiques (gallo-romaines ou wisigothes) joue un rôle militaire et poli-

Bernard-Aton IV, vicomte de Carcassonne et son épouse, Cécile de Provence marient leur fille Ermengarde à Gaufred, futur comte de Roussillon. Bernard-Aton IV est le fils de Raymond-Bernard Trencavel, vicomte d'Albi et de Nîmes et d'Ermengarde, une des héritières du dernier comte de Carcassonne, Roger III. A la fin du XIe siècle, Bernard-Aton IV profite des difficultés que traverse le comté de Barcelone pour récupérer Carcassonne dont il se qualifiera désormais de Vicomte. (Arch. de la couronne d'Aragon, Cancilleria, reg.1, Liber feudorum major, f°78 v°/DR.)

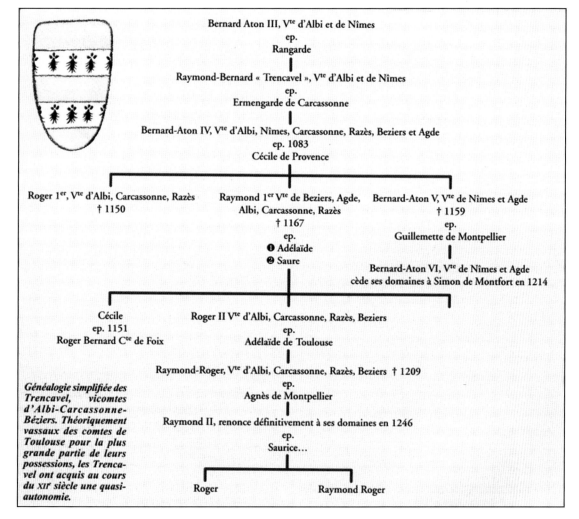

Généalogie simplifiée des Trencavel, vicomtes d'Albi-Carcassonne-Béziers. Théoriquement vassaux des comtes de Toulouse pour la plus grande partie de leurs possessions, les Trencavel ont acquis au cours du XIIe siècle une quasi-autonomie.

Bernard Aton III, Vte d'Albi et de Nîmes
ep.
Rangarde

Raymond-Bernard « Trencavel », Vte d'Albi et de Nîmes
ep.
Ermengarde de Carcassonne

Bernard-Aton IV, Vte d'Albi, Nîmes, Carcassonne, Razès, Beziers et Agde
ep. 1083
Cécile de Provence

Roger 1er, Vte d'Albi, Carcassonne, Razès
† 1150

Raymond 1er Vte de Beziers, Agde, Albi, Carcassonne, Razès
† 1167
ep.
❶ Adélaïde
❷ Saure

Bernard-Aton V, Vte de Nîmes et Agde
† 1159
ep.
Guillemette de Montpellier

Bernard-Aton VI, Vte de Nîmes et Agde
cède ses domaines à Simon de Montfort en 1214

Cécile
ep. 1151
Roger Bernard Cte de Foix

Roger II Vte d'Albi, Carcassonne, Razès, Beziers
ep.
Adélaïde de Toulouse

Raymond-Roger, Vte d'Albi, Carcassonne, Razès, Beziers † 1209
ep.
Agnès de Montpellier

Raymond II, renonce définitivement à ses domaines en 1246
ep.
Saurice...

Roger

Raymond Roger

Généalogie simplifiée de la troisième « dynastie » des comtes (alias vicomtes) de Carcassonne.

(4) A cette époque, la cité comprend deux « bourgs », entourés de murailles se raccrochant à l'enceinte : le bourg Saint-Michel au Sud et le bourg Saint-Vincent au Nord, ce dernier traversé par l'ancienne voie romaine.

(5) Machine de guerre lançant des pierres, des boulets.

(6) Sorte de catapulte.

(7) Tranchée creusée sous un mur ou un ouvrage pour le renverser.

Sceau de majesté de Louis VIII (appendu à un acte de 1224). Louis VIII s'empare sans combat de Carcassonne le 26 juillet 1226 et en fait le siège d'une sénéchaussée. (Arch.Nat. moulage D 40.)

tique important car elle est le siège principal du pouvoir des Trencavel. La cité se développe aussi économiquement et l'on assiste à l'émergence progressive d'une bourgeoisie. Comme dans la plupart des villes du midi, cette dernière cherche à s'émanciper et à contrôler l'administration de la ville. En 1192, Roger II Trencavel accorde aux habitants une charte de coutumes et libertés qui confie la gestion de la cité à douze prudhommes (le terme de « consul » n'apparaît pas encore), flanqués de vingt-quatre autres prudhommes, nommés pour un an par le vicomte auquel ils doivent prêter serment.

Le développement de l'hérésie « cathare » met fin à l'ascension des Trencavel et bouleverse le sort de la cité de Carcassonne. Roger II (mort en 1193) et son successeur, Raymond-Roger, sont accusés de ne pas combattre suffisamment les hérétiques. Lorsqu'en 1209, à l'instigation de la Papauté et après un demi-siècle d'efforts pour résoudre le problème pacifiquement, se déclenche la croisade contre les Albigeois (nom donné aux hérétiques), Raymond-Roger Trencavel est la première victime des troupes conduites par Simon de Montfort. En juillet 1209, après s'être emparé de Béziers, ce dernier campe devant Carcassonne, non loin du bourg Saint-Vincent, excroissance nord de la cité (4). Raymond-Roger renforce ses défenses. Il fait démolir le réfectoire et le cellier des chanoines pour récupérer des matériaux, saisit les stalles afin de renforcer les hourds. Le 3 août à l'aube, les croisés passent à l'action. Ils s'emparent du bourg qu'ils incendient puis se dirigent vers l'ouest en direction de l'Aude afin de se rendre maîtres des points d'eau. Alors qu'ils s'apprêtent à faire tomber le Castellar, autre faubourg de la cité, le roi Pierre II d'Aragon tente sa médiation (4-6 août). La seule chose qu'il obtient des croisés est la possibilité pour Raymond-Roger de quitter librement la cité avec onze hommes de son choix après l'avoir remise aux assiégeants. Le vicomte refuse. Simon de Montfort se lance à l'attaque du Castellar (7 août) mais il ne parvient pas à franchir le fossé qui précède les murailles. Les assaillants se positionnent alors sur le versant du coteau situé face au front sud de la forteresse. Ils y installent leurs machines de siège, pierriers (5), mangonneaux (6) et catapultes. Prise pour cible, une portion de la muraille du Castellar s'effondre tandis que le fossé est comblé avec de la terre et des branches ; une chatte est dirigée vers un point précis de cette muraille et permet aux croisés de créer une brèche suffisante dans sa partie inférieure. Cette brèche est étayée avec des madriers de bois. Une fois la galerie assez profonde, les étais en bois sont incendiés ce qui provoque l'écroulement de la muraille. Les hommes de Simon de Montfort entrent dans le Castellar par cette brèche et s'en rendent maîtres. La cité est désormais coupée de l'extérieur. Le manque d'eau, dû à la chaleur du mois d'août, contraint le vicomte à la reddition. Le 15 août, les croisés rentrent dans la forteresse. Ils occupent le logis vicomtal, le donjon et les tours. Les habitants sont expulsés, « n'emportant que leurs péchés », comme le précisera l'un des chroniqueurs de la croisade, Pierre des Vaux-de-Cernay. Quant à Raymond-Roger, il est fait prisonnier et jeté dans un cachot où il mourra le 10 novembre suivant…

A la suite de cette victoire rapide, Simon de Montfort succède aux Trencavel à la tête des vicomtés de Béziers et de Carcassonne. Dans les mois qui suivent, il s'empare du reste des domaines des Trencavel avant de se retourner contre le comte de Toulouse, également suspecté d'hérésie. Le 12 septembre 1213 à Muret, au Sud de Toulouse, il bat les troupes coalisées conduites par le roi Pierre II d'Aragon. Puis, en 1215, à la suite du quatrième concile de Latran, il est investi du titre de Comte de Toulouse. Cependant, le 23 juin 1218, il trouve la mort au cours du siège mené devant Toulouse. Son fils Amaury lui succède mais, dans un contexte de plus en plus difficile, il ne parvient pas à conserver les domaines hérités de son père. En 1224, il cède tous ses droits au roi de France et repart dans sa région d'origine, l'Ile-de-France.

Peu après le départ d'Amaury, le comte de Toulouse Raymond VII parvient à reprendre Carcassonne qu'il remet au fils de Raymond-Roger, Raymond II Trencavel. Mais ce succès est éphémère. Le 30 janvier 1226, le roi de France Louis VIII prend la tête d'une nouvelle croisade. L'intervention du roi de France en Languedoc inquiète les seigneurs locaux qui se soumettent les uns après les autres. Descendant par la vallée du Rhône, l'ost royal s'empare

d'Avignon le 12 septembre 1226 puis de Béziers. Carcassonne se rend sans combattre le 26 juillet 1226. La cité devient alors forteresse royale et siège d'une sénéchaussée…

- Carcassonne sous les rois de France

Les sénéchaux mis en place à Carcassonne par le Roi à la suite de la croisade (Eudes le Queux puis Jean de Fricamps) craignant une rébellion des populations locales, engagent immédiatement une série de travaux destinés à renforcer les défenses de la ville. Ces travaux qui s'étagent de 1226 à 1239, sont d'abord consacrés au château. Transformé en « citadelle refuge », ce dernier est complété par une ceinture fortifiée enveloppant ses fronts sud, est et nord. Il est doté d'une entrée en châtelet caractéristique des constructions royales de cette époque (Angers, Coucy). Au même moment, une enceinte extérieure, munie d'un parapet crénelé, flanquée d'une série de tours d'appui et dotée de trois barbacanes, est édifiée. L'espace compris entre cette nouvelle enceinte et l'enceinte gallo-romaine (les lices) est nivelée. Mais ce nivellement oblige les ingénieurs royaux à reprendre en sous-œuvre l'enceinte déjà existante. Ces travaux, toujours visibles, sur le front nord et sur le front est (notamment au niveau de la tour du Sacraire Saint-Sernin), constituent un exemple de la grande maîtrise technique des ingénieurs royaux mais sont d'une efficacité militaire faible. Cette solution peu satisfaisante a probablement été retenue pour protéger rapidement la cité, toujours menacée par une insurrection.

Ces précautions devaient d'ailleurs se révéler fort utiles. En 1240, Raymond II Trencavel, fils de Roger II, réfugié à la cour du roi d'Aragon, rassemble une petite armée composée de seigneurs dépossédés à la suite de la croisade. Appuyé par les comtes de Foix et de Comminges, il se dirige vers Carcassonne avec pour objectif de reprendre la forteresse et de rentrer en possession des domaines de ses ancêtres. En septembre 1240, l'armée de Raymond II arrive devant Carcassonne, mise en état de défense par le sénéchal Guillaume des Ormes. Le déroulement de ce siège est bien connu grâce à une lettre adressée par le sénéchal à la reine Blanche de Castille à la fin des combats.

Dans la nuit du 8 au 9 septembre, Trencavel s'empare des bourgs grâce à la complicité des habitants. Le 17 septembre, les assiégés font une sortie dans le bourg de Graveillant où ils font une provision de bois de charpente. Ils se retirent ensuite à l'intérieur de l'enceinte et utilisent ce bois probablement pour compléter les hourds. Trencavel contre-attaque et s'empare d'un moulin. Un peu plus tard, une troupe sous la conduite de trois chevaliers de l'entourage de Trencavel, Olivier de Termes, Hugo de Serrelongue et Guiraut d'Aniort, se retranche entre la corne de la Cité et l'Aude afin d'isoler ce faubourg de la forteresse et empêcher toute sortie. Au même moment, entre le pont de l'Aude et la barbacane du château, une autre troupe conduite par Pierre de Fenouillet, Renaud du Pech, Guilhem Fort et Pierre de La Tour, met en place un mangonneau afin d'ébranler la barbacane. Les assiégés répliquent en installant un pierrier. Une fois les engins installés, un « duel d'artillerie » s'engage. De l'autre côté de la forteresse, les assaillants entreprennent de miner la barbacane de la porte Narbonnaise. Malgré la contre-mine des défenseurs, l'opération réussit et permet l'écroulement de la partie antérieure de la barbacane. Mais les gens du sénéchal restent maîtres de la moitié de cette dernière. D'autres travaux de sape (7) sont lancés sur la muraille extérieure. A un endroit et sur une longueur de « deux créneaux », une portion de cette muraille s'écroule. Les assiégés élèvent aussitôt une palissade qui permet de colmater la brèche. Plus loin, à la corne de la cité dans le secteur du palais épiscopal, une galerie provoque l'écroulement de la muraille sur environ dix-huit mètres. Une nouvelle palissade

est édifiée. Grâce aux contre-mines, le sénéchal parvient à faire échec aux sapeurs à la hauteur de la barbacane de la porte du Razès (ou barbacane Crémade, front sud). Ces revers successifs conduisent Trencavel à donner l'assaut à la barbacane du château le 30 septembre. Mais c'est un nouvel échec, plusieurs hommes du vicomte sont tués ou blessés. Le 6 octobre, Trencavel tente un nouvel assaut, de plus grande envergure. L'attaque est repoussée et les assaillants enregistrent de lourdes pertes. Le 11 octobre, Trencavel apprend l'arrivée de l'armée dirigée par Jean de Beaumont, chambellan du roi. Après avoir incendié les maisons des faubourgs, il lève le siège. Avec ses fidèles, il se réfugie à Montréal où il est à son tour assiégé. Il renoncera définitivement aux domaines de ses prédécesseurs en 1246, et l'année suivante, brisera devant le roi la matrice de son sceau de vicomte de Béziers et de Carcassonne.

L'échec du siège de 1240 prouve aux représentants du roi à Carcassonne l'utilité des travaux menés pendant la période précédente. Mais pour rendre à la forteresse sa puissance et son invulnérabilité, de nouveaux chantiers doivent être engagés. La barbacane de la porte Narbonnaise et deux pans de courtine de l'enceinte extérieure au nord et au sud-ouest près de l'enclos de l'évêché ont besoin de réparations. Le périmètre de l'enceinte extérieure sur le front Est entre l'échauguette de l'ouest et la barbacane de la porte Narbonnaise, doit être rectifié et renforcé par une tour plus haute que les autres (la tour de la Vade). Cette rectification est rendue nécessaire par la suppression du quartier Saint-Michel qui jouxtait la cité à l'Est (emplacement du cimetière actuel). La suppression de ce quartier et des autres bourgs qui entourent la cité (le bourg Saint-Vincent notamment) répond en effet à des nécessités militaires (dégager les abords de la citadelle) et politiques (punir les habi-

Saint Louis rendant la justice (miniature du XIVᵉ siècle). C'est pendant la première partie du règne de Saint Louis que l'enceinte extérieure de Carcassonne est édifiée. (DR.)

Avers et revers du sceau de régence de Saint Louis. Après le siège de 1240, Saint Louis ordonne la destruction des « bourgs » qui jouxtent la cité de Carcassonne et le renforcement de l'enceinte extérieure. En 1247, il fonde une ville nouvelle (bastide) qui s'établit dans la plaine située sur la rive droite de l'Aude. (Arch. Nat. moulage D 43 et 43bis.)

(8) Assemblée où les moines moniales ou chanoines traitant de leurs affaires ou des questions de leur ressort.

(9) J.P. Panouillé, *Carcassonne, le temps des sièges*, p. 93.

(10) Espace compris entre les deux enceintes.

(11) En 1781, Mgr de Puysegur obtient l'autorisation de détruire le palais épiscopal mais, devant l'opposition unanime des citadins et de la municipalité, il renonce et se contente de supprimer une partie seulement.

tants de leur traîtrise). Ces différents travaux ainsi que la création d'une barbacane devant le châtelet du château sont menés au cours du règne personnel de Saint-Louis, pendant la période 1240-1245. La destruction des bourgs, entreprise à la même époque, s'accompagne de la création dans la plaine d'une ville nouvelle. Saint Louis charge en effet son sénéchal Jean de Cranis, de rappeler les habitants des faubourgs expulsés et de leur fixer un lieu où se rétablir, à distance suffisante des remparts. Une première implantation a lieu sous la cité, sur la rive droite de l'Aude. Mais cet endroit se révèle inadéquat, aussi le sénéchal décide-t-il d'installer les habitants sur la

rive droite de l'Aude. En janvier 1247, contrat de pariage est passé entre les quatre seigneurs de l'espace occupé (l'évêque, le chapitre (8), l'ordre du Temple et le roi) et donne naissance à une ville nouvelle (bastide) avec ses franchises et privilèges…

Sous les deux successeurs de Saint Louis, Philippe III et Philippe IV, les travaux de fortification se poursuivent. Mais plus qu'une simple modernisation, ils apparaissent comme « l'affirmation de la richesse et de la puissance capétienne qui doit être manifestée même aux confins du royaume » (9). Ainsi, au cours de la période 1280-1287 (troisième campagne de travaux), plus de la moitié de l'enceinte intérieure (fronts est et sud) est reconstruite suivant des techniques caractéristiques de cette époque (appareil à bossage). La tour du Trésau, les deux tours Narbonnaises, la tour de Balthazar, la tour Saint-Martin, la tour du Moulin du Midi, la tour Mipade, la tour de Cahuzac, la tour de l'Evêque et la porte Saint-Nazaire sont entièrement construites. Sauf la tour de l'Evêque et la porte Saint-Nazaire, bâtie sur un plan carré, tous ces édifices adoptent un plan circulaire ou en forme de fer à cheval. Les tours Narbonnaises, Mipadre, du Moulin du Midi, Saint-Martin et de Balthazar offrent un bec semblable à une proue de navire destiné à améliorer leur résistance en cas d'attaque frontale. La plupart de ces tours sont à quatre étages, les deux premiers voûtés d'ogive.

A la fin du XIIIᵉ siècle et au début du XIVᵉ siècle, les travaux de fortification sont achevés et la cité prend sa configuration définitive. Elle se présente comme une puissante forteresse, « bien fermée de bons murs » selon les termes de Froissart, dotée de deux enceintes, d'une quarantaine de tours, de quatre barbacanes et d'un château indépendant et puissamment fortifié. Jusqu'à la fin du Moyen Age, cet ensemble, réputé imprenable, ne fait pas l'objet d'attaques. Pendant la guerre de Cent Ans, le Prince Noir, lors de sa chevauchée en Languedoc (1355), n'ose pas s'attaquer à la cité et se contente de mettre le feu à la ville basse.

Mais la fin de la guerre de Cent Ans et le retour de la paix contribuent au développement de la ville basse au détriment de la cité. Les familles les plus riches de cette dernière s'implantent dans la bastide. La société citadine s'appauvrit alors que la bastide, industrieuse et active, s'agrandit et devient un pôle économique. A partir de la seconde moitié du XVᵉ siècle, l'autorité royale, pour des raisons financières, commence à aliéner des portions de lices (10) où des maisons particulières font leur apparition.

La cité sous l'Ancien Régime (XVIᵉ-XVIIIᵉ siècles)

La période de l'Ancien Régime est marquée par le retrait progressif de la cité au profit de la ville basse, phénomène déjà bien engagé au XVᵉ siècle.

Au début du XVIᵉ siècle, la cité de Carcassonne compte environ un millier d'habitants intra-muros. En dépit de son déclin économique et démographique, elle garde toute son importance car elle est toujours une ville frontière, une place de sûreté, point d'ancrage de la défense du royaume. Elle est aussi une capitale religieuse où résident l'évêque, et les chanoines (cf. encadré).

Pour ces raisons, lorsque des rois passent dans la région, ils privilégient la cité au détriment de la bastide. En 1533, François Ier, venant de Castelnaudary, y est accueilli par le chapitre (cf. encadré) et passe une nuit dans le palais épiscopal. Plus tard, en 1564, Charles IX et Marie de Médicis font étape dans la cité où ils restent bloqués une semaine à cause d'une tempête de neige. C'est après ce séjour qu'ils se rendent dans la ville basse. Il en est autrement au XVIIe siècle. La hiérarchie se renverse et en 1622, lorsque Louis XIII vient à Carcassonne, il fait son entrée officielle dans la ville basse et y loge avant de se rendre dans la cité. En 1660, Louis XIV loge également dans la ville basse et ne daigne pas se rendre dans la cité…

Les guerres civiles et religieuses qui déchirent le royaume de 1560 à 1630 permettent à la cité de conserver son rôle militaire. La ville haute de Carcassonne reste en effet la clé du dispositif de défense des catholiques dans la région. Pour cette raison, elle fait l'objet d'attaques ou de coups de main répétés de la part des protestants. En 1575, le fils du sire de Villa (ce dernier décapité sept ans plus tôt devant la porte Narbonnaise), tente de surprendre la forteresse avec une petite troupe mais il échoue. Plus tard, en 1585, les hommes de Montmorency renouvellent la tentative, mais c'est un nouvel échec.

En 1590, la cité est le quartier général des troupes de la Ligue. Elle s'oppose à la ville basse contrôlée par Montmorency, partisan d'Henri de Navarre. En avril, ce dernier tente une nouvelle fois de s'en emparer mais il est bloqué par l'artillerie. Puis le 16 décembre 1691, le duc de Joyeuse chasse Montmorency de la ville basse. Au cours de cette période, les défenses de la cité font l'objet d'un certain nombre de remaniements liés notamment à l'évolution de l'armement et au développement de l'artillerie : les différents ponts dormants, ponts-levis ou à trébuchet sont renforcés et entretenus, les planchers et les toitures de la tour de la Vade sont refaits à plusieurs reprises pour supporter l'artillerie. Les parties basses de la tour de Burlas sont reprises. Les entrées de la cité et leurs défenses avancées, pourvues d'innombrables portes, sont entretenues ou refaites. Différents locaux dont celui de l'artillerie et des « engins du Roy » sont rénovés. Le château « comtal », ou siègent toujours le sénéchal et le capitaine de la cité, est rendu plus clair et plus agréable. Ainsi, au début du XVIIe siècle, la cité apparaît encore comme une place forte entretenue et capable de résister à un siège.

Cependant, dès le milieu du XVIIe siècle, son déclin s'accentue. En 1657, le présidial (juridiction qui succède à la cour du sénéchal), qui siégeait dans la cité, est transféré dans la ville basse. Deux ans plus tard, en 1659, l'annexion du Roussillon au Royaume à la suite du traité des Pyrénées enlève à Carcassonne son importance militaire. Le rôle principal est désormais dévolu à Montlouis, citadelle construite de toute pièce non loin de la nouvelle frontière avec l'Espagne. Plus tard, en 1745, l'évêque de Carcassonne, Mgr Bazin de Besons transfère le siège de l'évêché avec toute l'administration diocésaine, dans la ville basse. Il conserve cependant son palais épiscopal de la ville haute où il prend l'habitude de se retirer pendant le carême (11) ! Ce transfert enlève à la cité l'une de ses principales prérogatives.

La tour de la Vade (enceinte extérieure), vue des lices. Ce puissant donjon a été édifié sous le règne de Saint-Louis pour contrôler le plateau qui s'étend au sud-est de la cité et sur lequel se trouvait un bourg, rasé après 1240.

Philippe III le Hardi (enluminure extraite des Grandes chroniques de France, XIVe siècle). C'est sous le règne de Philippe III et de son successeur, Philippe IV le Bel, que la cité de Carcassonne prend sa configuration définitive. (Bibl. Sainte-Geneviève/DR.)

Au cours de la première moitié du XVIIIᵉ siècle, les fortifications continuent à être entretenues mais les travaux effectués sont insuffisants. En 1752, l'ingénieur des fortifications, Mareschal, constate qu'elles se dégradent et qu'il est de plus en plus difficile de faire respecter l'intégrité des remparts. Il dénonce notamment la construction de maisons dans les lices et constate que de nombreux particuliers utilisent illégalement le domaine royal. Des tours servent ainsi de caves, de greniers ou de réserves de bois, d'autres sont utilisées comme pigeonniers. Des ouvertures de la muraille sont bouchées, d'autres sont ouvertes sans autorisation. Parmi les contrevenants, figurent en bonne place les chanoines de la cathédrale !

A la fin de l'Ancien Régime, la cité n'est plus que l'ombre d'elle-même. Elle s'est vidée d'une partie de sa population et ne compte plus que quatre commerçants, quelques artisans et professions libérales. Les lices, comme les faubourgs (la Trivalle, la Barbacane) sont peuplés de tisserands, venus des campagnes à l'époque où l'industrie textile était en pleine expansion. La crise qui, à la fin de l'Ancien Régime, touche cette industrie, concurrencée par les villes du Nord, contribue à l'appauvrissement de cette population…

La Révolution et ses suites

La Révolution et ses réformes contribuent un peu plus au déclin de la cité. La constitution civile du clergé porte un coup fatal à la présence religieuse. En 1790, le chapitre est aboli. L'église paroissiale Saint-Sernin est abandonnée et rattachée à Saint-Nazaire. En 1791, le palais épiscopal et le cloître sont vendus comme biens nationaux. En 1792, le palais sert de logement aux troupes de passage. Après le départ de ces dernières, il est livré au pillage. L'année suivante, la cathédrale Saint-Nazaire sert d'entrepôt de matériel militaire. Quant à l'église paroissiale, elle est détruite. En 1794, les archives conservées dans la tour du Trésau sont brûlées. En 1795, le cloître est vendu à un certain Jean Loubat qui le détruit. Les restes du palais épiscopal ainsi que ses dépendances subissent le même sort.

Entre-temps, la garnison de la cité est déplacée vers la ville basse (1793) et la seule autorité encore en place reste l'administration municipale qui siège toujours dans la tour du Tréseau.

Au début du Consulat, la municipalité de la cité est réunie à celle de la ville basse. La ville haute abandonne donc son autonomie et devient un simple quartier de Carcassonne. Enfin, en 1801, Saint-Nazaire perd son titre de cathédrale au profit de Saint-Michel dans la ville basse.

Pendant la première moitié du XIXᵉ siècle, la cité et ses faubourgs apparaissent avant tout comme des quartiers pauvres, peuplés de tisserands travaillant pour les fabricants de la ville basse ou dans les filatures établies le long de l'Aude. Les visiteurs soulignent la saleté et la pauvreté des habitants. En 1836, le docteur Villermé évoque la *« misère qui règne dans ce quartier de Carcassonne (la cité) où sont réunis beaucoup de tisserands et les autres ouvriers les plus pauvres de la fabrique ».* Plus tard, Taine, de passage à Carcassonne, souligne la présence de *« dix-huit cents pauvres diables, tisserands pour la plupart, dans de vieilles maisons de torchis ».* « *Tout le long des murailles,* écrit Taine, *rampent et s'accrochent des baraques informes ou boiteuses [...], des enfants déguenillés, crasseux, vaquent avec des nuées de mouches, sous un soleil de plomb qui cuit et roussit cette moisissure humaine ».*

Ce déclin social est accompagné d'un déclin démographique. En 1819, la cité compte 1 490 habitants, 1 434 en 1826, 1 351 en 1846. Ces 1 351 habitants se répartissent en 388 ménages habitant 258 maisons dont plus de 30 % se situent dans les lices. En 27 ans la population de la cité baisse donc de 27 % alors que dans la même période, la population totale de Carcassonne augmente de 29 %. Telle est la situation de la cité lorsque sont lancés les premiers travaux de restauration…

Blason fleurdelisé de la sénéchaussée de Carcassonne (grès, XIVᵉ siècle, musée lapidaire du château « comtal »).

1. *La tour de la Marquière, une des six tours « antiques » (gallo-romaine ou « wisigothe » selon les thèses) du front nord de l'enceinte intérieure. La partie haute de cette tour a été entièrement restituée par Viollet-le-Duc.*

2. *Tour renversée (partie pleine) appartenant à l'ancienne enceinte, mise à jour dans les lices, à la corne sud-ouest, au pied de la tour Mipadre. Cette découverte a permis de préciser le tracé de l'enceinte primitive dans ce secteur.*

L'enceinte primitive de Carcassonne : romaine ou « wisigothe » ?

L'enceinte intérieure de Carcassonne comprend de nombreux restes antiques (antérieurs à l'époque médiévale) : courtine et tours, spécialement bien conservées sur le front nord. Mais l'absence de documents précis empêche de les dater de manière précise. Aussi, depuis un siècle et demi, historiens et érudits s'opposent pour savoir si ces éléments ont été construits à l'époque gallo-romaine (IIIe-IVe siècles) ou à l'époque wisigothique (V[e]-VIe siècles).

Dans son étude sur la cité de Carcassonne, parue au milieu du XIXe siècle, Viollet-le-Duc, affirme que l'enceinte intérieure fut bâtie pendant la domination des Wisigoths sur les débris des fortifications romaines. Cette thèse est reprise par J.P. Cros-Mayrevieille et par les archéologues et médiévistes Lahondès, Serbat et Poux. Dans sa monumentale histoire de Carcassonne, parue entre les deux guerres mondiales, ce dernier fait remonter la construction de l'enceinte primitive au règne du roi wisigoth Euric (466-484). Seul, au début du XXe siècle, Adrien Blanchet, auteur d'un ouvrage sur les enceintes romaines de la Gaule, paru en 1907, émet quelques réserves sur cette datation. En 1959, dans sa *Carte archéologique de la Gaule romaine*, Albert Grenier a une position mitigée. Comme Viollet-le-Duc, il pense que les murailles médiévales reposent sur des bases romaines et qu'il subsiste quelques portions de cette époque. Plus près de nous, Guy Barruol, appuyé par le grand spécialiste de la Gaule romaine, Paul-Marie Duval, affirme que la totalité des parties anciennes jusqu'ici attribuées aux Wisigoths, remontent en réalité à l'époque gallo-romaine (fin du IIIe siècle-début du IVe siècle).

En 1973, dans un article paru dans le *Congrès archéologique de France*, Yves Bruant, reprend cette thèse et avance plusieurs arguments :

- Ptolémée, la table de Peutinger, et surtout l'itinéraire de Bordeaux à Jérusalem daté de 333, qualifient Carcassonne de *castellum*. Or, cette indication, assez rarement employée à cette époque, prouve indiscutablement que Carcassonne était déjà entourée de murailles.

- Les tours de Carcassonne présentent une analogie frappante avec celles du Mans, datées de la fin du IIIe ou début du IVe siècle.

- Les Wisigoths que l'on prétend avoir été de fidèles imitateurs des techniques romaines, n'ont jamais été de grands constructeurs et ont souvent utilisé des cités déjà existantes. On imagine mal, d'autre part, qu'ils aient pu avoir les moyens d'édifier une enceinte aussi importante à une époque où leur domination au Nord des Pyrénées était vacillante.

- Le développement de Carcassonne à l'époque gallo-romaine, maintenant prouvé par les fouilles archéologiques (ignoré par les historiens du XIXe et du début du XXe siècle) rend tout à fait plausible l'édification d'une enceinte. Pour sa part, Yves Bruant pense que cette dernière a pu être construite à une époque où la pression des événements n'était pas trop forte, probablement après le second passage des Barbares vers 276. « L'enceinte ancienne est donc bien gallo-romaine et antérieure à 333 », conclut Yves Bruant qui ajoute : « devant un tel faisceau de preuves ou de présomptions en faveur d'une construction gallo-romaine et l'absence complète d'arguments réels pour l'attribution aux Wisigoths, on se demande comment cette dernière a pu si longtemps s'imposer et n'être que timidement combattue ». Toujours pour Yves Bruant, l'explication est à chercher dans l'influence exercée par Viollet-le-Duc, qui, au moment de la restauration, voulait avant tout « maintenir l'unité médiévale de la cité de Carcassonne ».

Cependant, en 1982, dans un nouvel article paru dans les *Mélanges d'archéologie et d'histoire médiévale en l'honneur du doyen Michel de Bouärd*, le même Yves Bruand se montre moins catégorique. Il précise tout d'abord qu'aucun élément historique ou archéologique ne permet de trancher définitivement entre les deux hypothèses. Revenant sur ses écrits précédents, il montre que le manque d'homogénéité de l'appareil traduit « une réutilisation tardive et abâtardie des techniques de construction romaine » et que la forme même de l'enceinte (ovale) est contraire aux principes romains. Fort de ces nouveaux arguments, l'auteur avance une date de construction plus tardive que celle de Joseph Poux : la seconde moitié du VIe siècle sous le règne du roi wisigoth Recarède ! De récentes analyses archéométriques semblent faire pencher la balance en faveur de l'hypothèse « wisigothe ». La question est donc loin d'être résolue. Mais l'important à retenir est que cette enceinte a été construite selon des techniques romaines. C'est ce qui en fait d'ailleurs tout son intérêt et surtout sa rareté car aucun ensemble de cette importance n'existe ailleurs en France…

Chancel à décors d'entrelacs, époque carolingienne. C'est le seul reste provenant de la première cathédrale de Carcassonne. (Musée lapidaire du château « comtal ».)

Evêques et chanoines à Carcassonne au Moyen Age

- Les évêques :

C'est au VIe siècle que les cités de Carcassonne et d'Elne sont érigées en évêchés. Le premier évêque de Carcassonne, un certain Sergius, participe au concile de Tolède en 589 puis à celui de Narbonne la même année. On ignore tout de la première cathédrale. J. Poux la localise dans le bourg, à l'emplacement de l'actuelle église Notre-Dame de l'Abbaye, rue Trivalle alors qu'Elie Griffe la voit plutôt dans l'enceinte de la cité. Cet édifice, placé sous le vocable des saints Nazaire et Celse, est cité pour la première fois dans un document de 925. Un fragment de chancel avec motifs en entrelacs, conservé au musée lapidaire du château comtal, proviendrait de cette première cathédrale. Les premiers évêques de Carcassonne sont généralement liés par le sang aux familles comtales. Ils établissent leur palais dans la cité, non loin de la cathédrale. Un document de 1034 évoque les chambres, les cuisines, la chapelle du palais ainsi qu'une partie du personnel épiscopal (le camérier, l'économe, le sénéchal et le bouteiller).

Une nouvelle cathédrale est édifiée au XIe siècle au sud de la cité. Ce chantier, engagé par Bernard-Aton IV grâce aux sommes obtenues précédemment du comte de Barcelone, est béni par le pape Urbain II de passage à Carcassonne le 12 juin 1096. L'édifice, de style roman, comprend alors une triple nef de 17 mètres de haut.

Aux XIIIe et XIVe siècles, la plupart des évêques de Carcassonne sont issus de la petite noblesse languedocienne. Un seul fait exception, Guillaume Radulphe, issu d'une famille de serfs travaillant la terre à Trèbes ! En 1223, Guillaume Radulphe est cité parmi les étudiants formés par les chanoines de Carcassonne. En 1248, il est archidiacre majeur de la cathédrale, la plus haute dignité du chapitre. Affranchi en 1252, il devient évêque en 1255. En 1259, Saint Louis l'autorise à agrandir l'enclos capitulaire. Sur cet espace, l'évêque Radulphe fait construire une infirmerie dotée d'une chapelle de style gothique et dans laquelle on placera plus tard son sarcophage. Cette sépulture sera mise à jour par J. Cros-Mayrevieille lors de travaux de déblaiement en 1839.

En 1269, l'évêque Bernard de Capendu et les chanoines décident d'agrandir la cathédrale en reconstruisant la partie est de l'édifice. Ces travaux ont lieu au cours du premier tiers du XIVe siècle. La cathédrale est désormais dotée d'un chœur et d'un transept de style gothique.

- Les chanoines :

Le **chapitre** de Carcassonne, apparaît pour la première fois dans les documents au VIIe et surtout au VIIIe siècle. En 912, il compte onze membres : un archidiacre, un archiprêtre, trois prêtres, deux diacres, deux sous-diacres et deux acolytes. Ce chiffre est stable aux Xe et XIe siècle. La fonction du chapitre est primordiale. Les chanoines doivent en effet assurer la prière liturgique dans la cathédrale. A la mort de l'évêque, ce sont les chanoines réunis en chapitre qui désignent le successeur, généralement l'archidiacre majeur. Cependant, en 1211, après la disparition de Bernard Raymond de Roquefort, le pape, soucieux de placer sur le siège de Carcassonne un évêque capable de lutter efficacement contre l'hérésie, intervient directement dans la nomination. Il place Guy, abbé de l'abbaye cistercienne des Vaux-de-Cernay et compagnon de Simon de Montfort. A la mort de ce dernier, c'est un autre homme de la croisade qui est nommé, Clarin, ancien chapelain et chancelier de Simon de Montfort. Cette nomination est officiellement celle du chapitre mais il est probable que ce dernier ait obéi aux directives de Rome.

Comme tous les chanoines, ceux de Carcassonne suivent une règle, définie lors d'un concile réuni à Aix par Louis le Pieux en 816 et inspirée d'un document de 754 émanant de l'évêque de Metz Chrodegang. Au XIe siècle, la réforme grégorienne durcit la règle de 816 en insistant notamment sur la vie commune. Le lieu de vie des chanoines se réorganise avec, comme dans les monastères, un cloître, un réfectoire, un dortoir et une infirmerie. A Carcassonne, le cloître se trouvait au sud de la nef romane.

En 1212, l'évêque Guy des Vaux-de-Cernay, fait don au chapitre du tiers des dîmes épiscopales dues par les églises de la cité, des bourgs et de vingt-deux autres lieux afin que puissent être reconstruits le réfectoire et le cellier détruits lors du siège de 1209. Ces travaux ne sont toujours pas terminés en 1232.

En 1317, les chanoines de Carcassonne adoptent la règle de Saint-Augustin. En 1345, une bulle du pape Clément VI fixe leur nombre à trente. Près d'un siècle plus tard, en 1439, une bulle d'Eugène IV prévoit la sécularisation des chanoines. Désormais chaque membre du chapitre réside dans une maison particulière. En 1483, chacune de ces maisons, au nombre de quatorze, porte le nom d'un saint.

Dès le Haut Moyen Age, les chanoines de Carcassonne sont à la tête d'un important domaine. Ces propriétés se développent du XIe au XIIIe siècle. Le chapitre possède notamment une quarantaine d'églises rurales et des terres dans un rayon d'environ trente kilomètres autour de la cité…

Bulle du Pape Alexandre III demandant à l'archevêque de Narbonne et aux évêques de Carcassonne et d'Elne de ne pas molester les églises dépendantes de l'abbaye de Lagras-se et de ne rien exiger du monastère pour le chrême ou autres sacrements. Les évêchés de Carcassonne et d'Elne ont été fondés en même temps au VIᵉ siècle. (A.D. Aude, H 16.)

Ci-dessous : enluminures extraites de l'évangéliaire de Saint-Nazaire, fin du XIIIᵉ siècle (la Visitation, la vie et la mort de la Vierge, la lapidation de Saint-Etienne). (A.D. Aude, G 288, fᵒ 44, 152 et 139.

Acte de 1106, par lequel Arnaud Guillaume, prévôt de Sainte-Marie, fait donation au chapitre Saint-Nazaire de Carcassonne de terres et de vignes situées dans le terroir de Saint-Pierre-de-Villalbe. (A.D. Aude, G 76.)

Dès le Haut Moyen Age, le chapitre de Carcassonne se retrouve à la tête d'un important domaine. Ces propriétés se développent particulièrement du XIᵉ au XIIIᵉ siècle à la suite de nombreuses donations. Dans cet acte, daté de 1072, Adalbert et Roger font donation au chapitre de Carcassonne des dîmes de l'église de Gougens. (A.D. Aude, G 73.)

Dans cet acte de 1154, Izarm de Fournas et ses enfants donnent à Romange, leur épouse et mère, une terre faisant partie d'un fief leur appartenant au terroir de Gougens, en échange d'une autre terre qu'ils avaient « donné ensemble à Dieu et aux chanoines de Carcassonne ». (A.D. Aude, G 73.)

Les institutions de la cité à la fin du Moyen Age (XIIIe-XVe siècles)

A partir de 1226, la cité de Carcassonne est le siège d'une sénéchaussée. Comme siège de la sénéchaussée, la cité est le lieu de réunion des assemblées de notables convoquées dans les cas graves par le sénéchal. Représentant du roi dans la partie du Haut Languedoc annexé au domaine royal à la suite de la croisade de 1226, ce dernier est entouré d'une cour comprenant un certain nombre d'auxiliaires. A partir du XIVe siècle, cette cour s'étoffe. Au XVe siècle, elle comprend un lieutenant par ailleurs juge ordinaire de la cité, un trésorier, un avocat des causes fiscales, un procureur général et un contrôleur des ports et passages. A cela il faut ajouter le capitaine « prévôt et connétable » et ses lieutenants. Le capitaine « prévôt et connétable » est à la fois juge des sergents (prévôt) et chef de la défense de la cité (connétable).

Au début du XIIe siècle, les fortifications de la cité avaient été inféodées à des chevaliers chargés de la défense de la citadelle. Au XIIIe siècle, ce système tombe en désuétude et se révèle insuffisant. Aussi en 1242, Saint Louis établit une garnison permanente composée de 220 sergents roturiers (chiffre ramené à 110 au XIVe siècle) qui succèdent donc aux « châtelains » institués à l'époque des Trencavel. Placés sous les ordres du connétable, les sergents sont chargés de la garde des tours. Un texte de 1342 précise leurs obligations. En temps de paix, ils doivent assurer une permanence de jour à chacune des entrées principales. La garde de nuit est composée de quarante hommes dont six trompettes. Deux trompettes sont chargées de sonner au début et à la fin du guet, les quatre autres, placées en haut des murailles, doivent sonner quatre fois la nuit de la Saint-Michel à Pâques et trois fois de Pâques à la Saint-Michel. Les veilleurs doivent être armés de leur épée et d'arbalètes garnies. Les sergents assurent aussi le contrôle des entrées. Lorsqu'un étranger se présente à une des portes de la cité, il doit s'arrêter devant le corps de garde et préciser « avec qui il a à besoigner et laisser le harnois à la porte ». Chaque année, les sergents de la cité participent à une épreuve qui doit déterminer quel est le plus habile au tir à l'arbalète. Pour cela, ils sont soumis à une épreuve de tir sur une cible, façonnée en simulacre de perroquet et placée au faîte de la tour de la Vade.

Les sergents (souvent originaires du Nord de la France) sont nommés par le roi et peuvent être destitués à tout moment. Ils doivent être domiciliés toute l'année dans la cité et reçoivent une solde. En 1308, ils se dotent d'une confrérie. En 1335, leur office devient héréditaire à condition que le successeur ait l'aptitude pour être « bon arbalestrier, bien tendant et traiant arbalestre et bien souffisant au dit office ». L'instauration de ce système dit « morte paye » donne naissance à de véritables dynasties de sergents.

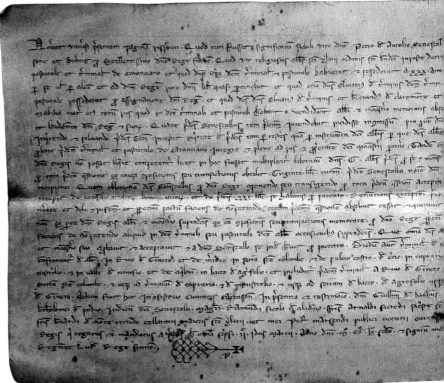

Ci-dessus : **depuis la Croisade royale de 1226, la cité de Carcassonne est le siège d'une sénéchaussée, administrée par un sénéchal, représentant direct du roi. Dans cet acte du 6 mars 1253, le sénéchal de Carcassonne transige avec l'abbé de Lagrasse au sujet du bois de Crausse.** *(A.D. Aude, H 594.)*

Ci-dcontre : **détail du sceau du sénéchal de Carcassonne, appendu à un acte du 22 février 1442.** *(A.D. Aude, H 16.)*

L'arsenal de la cité de Carcassonne en 1298

Comme toute place forte, la cité de Carcassonne est dotée d'un arsenal qui doit fournir le matériel nécessaire pour faire face à toute agression et soutenir un siège. Ce matériel est destiné à la cité mais aussi aux forteresses qui jalonnent la frontière entre la France et le royaume d'Aragon (12) (Peyrepertuse, Quéribus, Puivert, Aiguilar et Quérigut) car Carcassonne joue le rôle d'un dépôt central. La composition de cet arsenal nous est connue grâce à un inventaire du matériel entreposé dans le magasin de la charpenterie royale (13), dressé en 1298 sur ordre de Lambert de Thury, Seigneur de Saissac lieutenant du sénéchal, à l'occasion de l'entrée en fonction du nouveau charpentier royal de la Sénéchaussée, Me Gérard de Royaumont.

Les quelques deux cents articles décrits peuvent être classés en cinq grandes catégories : les machines de jet, le matériel de siège, le matériel de transport, le matériel des bâtiments, le matériel d'alimentation et enfin le matériel de frappe monétaire. On notera l'absence d'armes légères et de munitions.

- Les machines de jet :

L'arsenal comprend tout d'abord des éléments démontés appartenant à des machines de guerre (espringales, balistes et mangonneaux). Ces machines sont classées en grandes et petites, neuves et usagées. On notera la présence d'un bras horizontal appartenant à un trébuchet, de douze frondes dont sept neuves et cinq vieilles et d'un treuil pour bander un engin de jet.

- Matériel de siège :

Il consiste en différents objets destinés à réparer ou construire les murailles et aussi probablement les hourds : pièces de bois nécessaires à la confection d'échafaudages, poutres, madriers, chevilles. On remarque une chèvre pour monter ces matériels, des outils de charpentier pour assembler, ajuster et entretenir le bois ou faire des mortaises, des tarrières pour insérer des chevilles. A cela s'ajoute le matériel nécessaire pour confectionner des cordages : chanvre en botte et outils servant à le tresser en ficelle puis en cordes (rouets, tourets, broches). Pour la sape, l'arsenal compte deux pieux de fer, une pince, des crochets ou crampons, des pioches et tout ce qui est nécessaire pour entretenir ces outils (forges, soufflets, enclumes, tenailles et une clé à trou carré pour les boulons).

- Le matériel de transport :

Il consiste en cinq chars démontés en plusieurs parties (timons, roues, cercles ou segments de roues, essieux et ridelles).

- Le matériel de bâtiment :

Ce matériel est destiné à l'entretien des fenêtres, des toitures, des portes et de l'appareillage des tournois.

On note une abondance de pièces de rechanges pour les portes : gonds, verrous à lames plates ou rondes, barres de fer pour la fermeture des portes à deux vantaux, une grosse chaîne destinée à être tendue entre les montants d'une porte afin d'en renforcer la sécurité (les vestiges de l'attache de cette chaîne sont toujours visibles sur la porte Narbonnaise). Pour les fenêtres, sont entreposés des châssis et armatures de fer destinées à en assurer la protection. Pour l'entretien des toitures des tours, on remarque des boulons servant à fixer les pierres plates ou schisteuses recouvrant certains toits (*bolones de ferro ad sustinendum limetas supra domo*) ainsi trois couteaux de tuilier servant à tailler les tuiles recouvrant les toits en poivrière. Ces objets montrent que les tuiles et les ardoises coexistaient dans la cité.

- Le matériel d'alimentation :

Un certain nombre d'ustensiles concernent l'eau, très précieuse en cas de siège. On trouve ainsi des cuviers, de gros tonneaux cerclés de bois et des réserves pouvant contenir jusqu'à deux charges (400 litres). Pour l'alimentation des citernes réparties dans la cité (et notamment dans la porte Narbonnaise), sont entreposés cinquante et un tuyaux de plomb d'une longueur de deux cannes chacun (près de 4 mètres), pouvant s'emmancher.

Signalons enfin des moulins de différents types (dix à bras, un à cheval), montés ou démontés avec des pièces de rechange (arbre de fer supportant la meule supérieure au moyen de l'anille, meules aux cercles de fer ou de bois avec l'outil pour les piquer), des outils dont six faucilles de fer et une réserve de sel contenue dans un salin de bois d'une dizaine de pans de hauteur (environ 2 mètres) et fermé par une porte, des tables, des bancs et des tabourets de différentes tailles.

- Matériel de frappe monétaire :

L'atelier monétaire de Carcassonne est mentionné dès 890. En 1247, ces ateliers deviennent royaux. L'arsenal contient quelques objets de frappe : douze plaques de fer rayées (peut-être des matrices) et un récipient de fer pour porter les deniers.

La restauration de la cité

J.P. Cros-Mayrevieille (buste figurant sur le monument de la cité de Carcassonne).

L'histoire de la cité de Carcassonne au XIXe siècle et au début du siècle suivant est dominée par sa restauration et par le rôle joué par Eugène Viollet-le-Duc. Commencée dès les années 1840, cette restauration s'achève à la veille de la Première Guerre mondiale. Devenue un pôle touristique important, la cité sort de sa torpeur et attire désormais des millions de visiteurs.

Les précurseurs

Au début du XIXe siècle, les constructions médiévales de la cité ne retiennent pas l'attention des voyageurs. En 1811, Aubin-Louis Millin note : « *La partie haute, appelée la cité, est la plus ancienne. Elle est mal bâtie, les rues sont étroites et le château qui domine la ville est entièrement en ruine* ».

Si les ruines de Carcassonne n'intéressent pas les érudits encore marqués par l'esprit du XVIIIe (seules les antiquités greco-romaines sont dignes d'intérêt), elles attirent les convoitises des entrepreneurs. Les fortifications constituent en effet un immense réservoir de pierres dans lequel on aimerait pouvoir puiser.

De 1791 à l'an XIII, le statut militaire de la cité la préserve de toute aliénation. Mais l'armée n'ayant ni les moyens, ni la volonté d'entretenir les fortifications, le site est déclassé le 26 brumaire an XIII. Si l'armée garde sa tutelle sur le château et la porte Narbonnaise, le reste est remis à l'administration des domaines. A la suite de l'échec d'un certain nombre de projets (prison pour femmes, dépôt de mendicité, ateliers de travaux publics), les Domaines commencent à mettre en vente les fossés et les glacis, certaines tours, des portions de courtine. Les arguments en faveur de ces dessaisissements sont nombreux : profits pour le Trésor, occasion de donner du travail à la « classe indigente », soucis d'esthétique. De décembre 1810 à décembre 1819, dix-neuf contrats d'adjudication sont signés. Les bénéficiaires sont surtout des maçons intéressés par les matériaux. Mais on trouve aussi quelques particuliers inquiétés par l'état de délabrement de ruines sur le point de s'ébouler ou, même, désireux de supprimer un mur bouchant la vue ! L'un des plus gros contrats porte sur la barbacane ouest, édifiée au XIIIe siècle au pied du château. Cette énorme tour ronde de 60 mètres de circonférence, encore haute de deux mètres, est acquise le 26 avril 1816 par l'industriel Vialatte. Ce der-

nier la détruit complètement et récupère les matériaux pour construire une filature. Cette initiative est chaudement approuvée par le maire de Carcassonne qui, peu avant l'adjudication, écrit : « *les restes (de*

Le monument funéraire de l'évêque Radulphe. Cette œuvre, découverte par J.P. Cros-Mayrevieille en 1839, est à l'origine de l'intérêt de Viollet-le-Duc pour Carcassonne.

la barbacane) sont déjà bien dégradés, ils encouragent les vols et la construction prévue d'un établissement public sera plus prompte » (1).

A partir de 1820, les adjudications cessent. L'administration commence à éprouver scrupules et remords. Elle refuse la destruction de la tour du Tréseau et de la partie de la courtine reliant cette tour à celle du moulin du Connétable. Alerté par le ministre de la Guerre, l'Etat affirme sa volonté de faire cesser ces abus. Le 31 octobre 1820, les fortifications sont réintégrées dans le domaine militaire et, le 1er août 1821, la cité est reclassée parmi les places de guerre de seconde catégorie. Ce retour à la tutelle militaire s'accompagne de la délimitation d'un périmètre à l'intérieur duquel il est désormais interdit de construire. Les autorités s'y réservent le droit de consolider et restaurer les éléments de fortification et de procéder au rachat des terrains précédemment aliénés (2).

Au même moment, certains acteurs locaux et nationaux commencent à prendre conscience de l'intérêt architectural et historique de la cité. Dès 1822, le conseil de fabrique de l'ex-cathédrale Saint-Nazaire attire l'attention du préfet de l'Aude sur le mauvais état de l'édifice. Prosper Mérimée, nommé inspecteur général du Service des Monuments historiques créé par Guizot en 1830, effectue plusieurs voyages à Carcassonne. Mais le rôle principal est joué par Jean-Pierre Cros-Mayrevieille. Né en 1810, Cros-Mayrevieille est issu d'une vieille famille citadine. Il est à la fois avocat, philosophe, passionné de pédagogie et sensible aux questions sociales (il est l'auteur d'un mémoire sur l'amélioration du sort des ouvriers). Avec Téophile Marcou, il fonde le journal *L'Aude*. Comme beaucoup d'hommes de son époque, il est passionné d'histoire, d'archéologie et de tout ce qui peut exalter sa « petite patrie ».

(1) Cité par P. Satgé, *La cité de Carcassonne*, p. 163.
(2) P. Satgé, *op. cit.* p. 166.

Disciple de Michelet, il veut rendre au passé une présence charnelle afin de mieux le comprendre. Fort de ces idées, Cros-Mayrevieille entreprend une véritable croisade en faveur de la restauration de la cité. En 1836, il fonde l'académie des Arts et Sciences de Carcassonne dont il devient secrétaire. Il mobilise l'opinion publique pour la sauvegarde de la cité. En 1838, il demande le classement de l'église Saint-Nazaire, sans résultat. L'année suivante, il découvre dans une chapelle de la cathédrale l'extraordinaire tombeau de l'évêque Radulphe (XIIIe siècle), caché sous un amas de terre rapportée. Cette découverte importante attire l'attention des autorités. En 1840, l'église est enfin inscrite sur la liste générale des monuments classés. Des crédits sont alloués pour sa consolidation et l'architecte départemental, Champagne, entreprend les premiers travaux. Puis en 1843, Cros-Mayrevieille décide de se rendre à Paris afin de sensibiliser les personnes influentes dans les différents ministères. Persuadé que rien ne peut mieux témoigner de l'importance *« de cet exemple unique de l'art militaire du Moyen Age que le dessin »*, il fait établir par son ami Reynal, ingénieur du canal du Midi, une série de croquis de la cité. C'est alors que Viollet-le-Duc entre en scène.

L'œuvre de Viollet-le-Duc

La découverte du tombeau de l'évêque Radulphe par J.P. Cros-Mayrevieille est très vite remarquée par Viollet-le-Duc. Le 1er décembre 1844, l'architecte écrit à ce propos dans les *Annales Archéologiques* : *« C'est là un monument qui à lui seul mériterait que les archéologues fissent le pèlerinage à Carcassonne »*. Le 31 décembre 1844, prenant le relais de J. Cros-Mayrevieille, il adresse au ministère de l'Intérieur un rapport d'ensemble sur l'état de l'église et sur les travaux à faire. Après avoir constaté le bon état de conservation de la nef romane, Viollet-le-Duc propose la restauration complète des parties du XIVe

Eugène Viollet-le-Duc vers 1844.

La cité de Carcassonne et la bastide en 1462 (plume et gouache). Ce dessin, retrouvé au XIXe siècle dans les collections de la Bibliothèque nationale, jouera un rôle important. Cros-Mayrevieille en fera exécuter une copie lithographiée dont l'influence sur les projets de restauration sera importante. (BNF.)

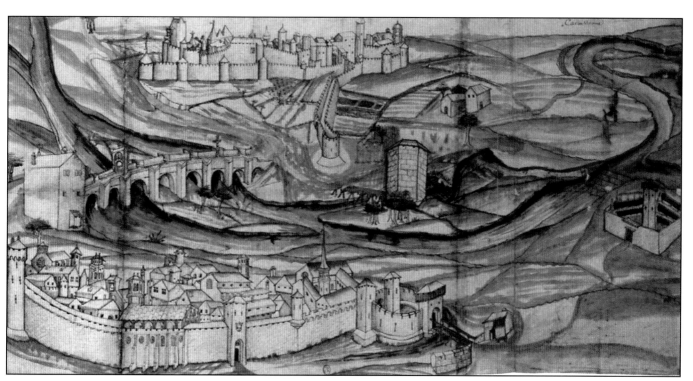

siècle (chœur, transept, chapelles), construites en grès friable et très dégradées. Son programme prévoit :

1) le remplacement de tous les couronnements et de la plupart des meneaux des fenêtres et rosaces ;

2) la restitution des tenants en pierre et des balustrades couronnant les deux chapelles ;

3) le remplacement du toit à deux pentes recouvrant la nef, chargeant dangereusement les voûtes des bas-côtés, par une toiture en trois parties ;

4) la reconstitution de la partie ouest de l'édifice.

Le devis s'établit à 170 000 F. Les propositions de Viollet-le-Duc sont acceptées et, en 1845, l'architecte est officiellement chargé de la restauration de l'église. Les travaux commencent immédiatement sous la surveillance de Cals, conducteur des Ponts et Chaussées. Selon les souhaits de Mérimée, ils sont exécutés *« rapidement et avec ensemble »*. En 1850, les contreforts du transept et de l'abside ainsi que les soubassements de cette dernière sont restaurés. La couverture de la nef romane et des bas-côtés est terminée, l'ensemble des piliers et supports revu. Une fois ces travaux achevés, Viollet-le-Duc présente un second devis de 250 000 F. prévoyant la reprise du porche, du clocher et de ses abords, l'amélioration de l'aspect extérieur de la nef, la restauration des fenêtres, corniches, appuis et balustres et la réparation des vitraux. Dans les années 1850, le portail roman est repris, la chapelle de Rochefort et la tourelle qui lui fait suite entièrement restaurées. En 1858, le portail gothique, les ouvrages extérieurs des transepts et l'abside sont restaurés. A l'intérieur, le travail sur les verrières est achevé, les murs débadigeonnés, le dallage ragréé. Manifestant sa volonté de finir ce chantier au plus vite, l'Etat double ses subventions à partir de 1858. Les travaux se poursuivent jusqu'à la fin des années soixante-dix.

Mais Viollet-le-Duc, qui a compris l'intérêt exceptionnel de la cité, ne se limite pas à Saint-Nazaire. Le 22 mai 1846, sur proposition de Prosper Mérimée, la commission des Monuments historiques le charge d'un premier rapport sur l'état de la porte Nar-

bonnaise. Le 6 janvier 1849, il adresse ses conclusions et souligne la nécessité de faire disparaître toutes les constructions parasites (principalement les maisons construites dans les lices).

Cependant, un nouveau changement dans le statut de la cité manque de tout remettre en cause. Le 8 juillet 1850, à la suite des récriminations des habitants, la cité est rayée de la liste des places de guerre. Comme en l'an XIII, l'administration des Domaines succède à l'armée. Craignant un retour aux abus de la période précédente, les élites intellectuelles locales réagissent vivement. La société des Arts et Sciences se réunit en session extraordinaire. Sur ses pressions, le conseil municipal de Carcassonne émet une réclamation vigoureuse (19 août 1850) et fait appel au général d'Hautpoul, ministre de la Guerre et député de l'Aude. Cette action porte ses fruits et, le 30 août 1850, le décret est rapporté. Plus rien ne s'oppose alors aux projets de restauration proposés par Viollet-le-Duc et J.-P. Cros-Mayrevieille qu'unit alors une solide amitié. En 1850, ce dernier publie un ouvrage sur *« les monuments militaires et religieux de la cité de Carcassonne »* qu'il diffuse largement dans les ministères de l'Intérieur, de l'Instruction publique et de la Guerre. Il l'accompagne notamment d'une reproduction lithographique d'une vue de Carcassonne de 1462 retrouvée à la Bibliothèque nationale et dont l'influence sur les projets de restauration sera déterminante.

De son côté, au début de l'année 1852, Viollet-le-Duc publie un nouveau rapport sur les travaux d'ensemble à réaliser sur la cité. Au même moment, les ministères de la Guerre et de l'Intérieur mènent de laborieuses négociations pour établir un programme de restauration ménageant leurs attributions. Au terme de discussions longues et houleuses, la responsabilité de l'enceinte intérieure est attribuée au ministère de l'Intérieur, celle de l'enceinte extérieure au ministère de la Guerre.

Le 3 octobre 1852, Napoléon III se rend à Carcassonne. Il rencontre Viollet-le-Duc qui lui expose ses projets de restauration. Mais l'Empereur fait preuve d'un certain scepticisme et refuse de monter à la cité. Pourtant, l'année suivante, il approuve le projet de l'architecte. Le financement des restaurations est pris en charge à 90 % par l'Etat (ministère de la Guerre et ministère des Beaux-Arts et de l'Instruction publique), les 10 % restants étant attribués à la ville et au conseil général de l'Aude. C'est à ce dernier que revient notamment la charge d'acquérir, pour le compte de l'Etat, les cent vingt-trois parcelles situées dans les lices et appartenant à des particuliers.

Les premiers travaux, confiés à Viollet-le-Duc, débutent en 1855 avec des moyens encore modestes. Le devis de l'architecte se monte en effet à 217 000 F. auxquels il faut ajouter une somme de 80 000 F. destinée à l'expropriation des maisons bâties sur les lices. En 1855-1856, les premières restaurations sont achevées. Elles concernent essentiellement le front ouest de la cité, visible de la ville basse. La tour Pinte est coiffée d'un comble plat, les tours Mipadre et Cahuzac ainsi que les deux tours de l'entrée orientale du château sont recouvertes.

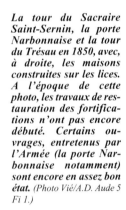

La tour du Sacraire Saint-Sernin, la porte Narbonnaise et la tour du Trésau en 1850, avec, à droite, les maisons construites sur les lices. A l'époque de cette photo, les travaux de restauration des fortifications n'ont pas encore débuté. Certains ouvrages, entretenus par l'Armée (la porte Narbonnaise notamment) sont encore en assez bon état. (Photo Vié/A.D. Aude 5 Fi 1.)

C'est en 1857-1858, alors que l'opinion publique commence à reconnaître le mérite du travail de Viollet-le-Duc, que les premiers travaux d'envergure débutent. L'année 1857 voit la consolidation des remparts entre la porte d'Aude et la tour ronde de l'Evêque et la couverture de la tour Wisigothe (front nord). En 1858, les ouvrages situés entre le château et la tour Mipadre sont restaurés. Au même moment, le ministère de la guerre accepte de dessaisir au profit des Monuments historiques de la surveillance des travaux de l'enceinte extérieure en leur faisant attribuer les crédits dont il disposait à cet effet.

A partir de 1859, les crédits augmentent sensiblement. La restauration des abords de la porte d'Aude se poursuit (1860). L'entrée est surmontée d'une grande bretèche, des parapets et des crénelages sont bâtis. A l'opposé de la cité, sur le front est, la réfection des tours et de la porte Narbonnaise commence. L'acquisition par l'Etat de la tour du Moulin d'Avar permet d'envisager la restauration de l'ensemble du front nord.

En 1864, Viollet-le-Duc propose des travaux encore plus importants et, en dépit des réticences, obtient les crédits nécessaires. Les années qui suivent voient la restauration de la tour-porte Saint-Nazaire, dans un état de délabrement avancé, la couverture des tours Saint-Martin et de la prison et le début de la réfection de l'enceinte extérieure sur le front sud.

Après une interruption due à la guerre de 1870-1871 et au changement de régime, les travaux reprennent en 1872. La tour du Plo est recouverte, l'enceinte extérieure au sud-ouest est reconstituée avec notamment la restitution du crénelage entre la tour carrée de l'Evêque et la tour du Petit Cannissou. En 1874-1875, la tour du Tréseau est restaurée. En 1876, dans un nouveau rapport, Viollet-le-Duc propose l'achèvement de la réfection des tours wisigothes du front

La tour de la Vade vers 1864. On aperçoit au second plan, reconnaissable à son éperon, la tour de Balthazar (enceinte intérieure) ainsi que les maisons des lices. (Photo abbé Verguet/A.D. Aude 5 Fi 23.)

Les lices dans le secteur de la tour-porte Saint-Nazaire. Des maisons, séparées par des jardins clos, s'appuient sur les courtines des deux enceintes. (Photo abbé Verguet/A.D. Aude 5 Fi 43.)

Nord, entre la tour du Moulin du Connétable et la tour Charpentière, la restauration des tours des fronts sud et est, entre la tour Saint-Martin et la tour du Sacraire Saint-Sernin, et enfin la reconstitution de la barbacane est du château. Mais ces travaux sont à peine engagés que l'architecte meurt le 17 septembre 1879.

Après Viollet-le-Duc

En 1880, les travaux de la cité reprennent sous la direction de Paul Boeswillwald, élève de Viollet-le-Duc puis, à partir de 1913, sous celle de Nodet. La période 1879-1889 voit la fin de la restauration de l'enceinte intérieure sur le front nord et le dégagement des lices sur le front sud. En 1889, la réfection de l'enceinte intérieure est terminée. A la même époque, les travaux sur le château, toujours occupé

par l'armée, commencent. En 1901, son enceinte extérieure est achevée. En 1902, les restaurations massives sont terminées. L'accent est mis désormais sur l'accès aux fortifications et à leurs abords : les lices sont nivelées et recouvertes d'un socle gazonné, les abords des tours sont déblayés, l'évacuation des eaux organisée. Cette même année 1902 voit la mise en place du syndicat d'initiative, l'un des premiers créé, après Grenoble et Lyon. Le 24 juin 1903, la cité devient monument d'Etat et passe sous la tutelle des Monuments historiques. Cependant, l'armée occupe toujours le château et la tour de la Vade qui sert de dépôt de poudre.

Dans la décennie qui précède la guerre, les dernières maisons des lices sont acquises et détruites. La tour de la Peyre est couverte et un service de gardiens et de visites guidées organisé (1905). Des hourds sont posés sur le front est du château. En 1911, les dernières parcelles des lices sont expropriées. En 1913, les travaux sont considérés comme terminés. L'engouement pour Carcassonne commence à prendre de l'ampleur. La cité reçoit 50 000 visiteurs en 1913 (dont de nombreux étrangers). Des commerces destinés aux touristes commencent à s'installer dans les murs. Les légendes locales se multiplient, servant d'arguments commerciaux pour la vente de souvenirs ou de pâtisseries emblématiques. La vogue des cartes postales prend une grande ampleur. Un hôtel de luxe (l'hôtel de la Cité) est construit en style néogothique. La cité est le théâtre de grandes fêtes. Le 14 juillet 1898 a lieu le premier embrasement des remparts par un grand feu d'artifice. Des reconstitutions plus ou moins fantaisistes se multiplient et voient leur apogée avec la fête du bimillénaire en 1928. On note enfin la création en 1905 d'un grand théâtre en plein-air à côté de la cathédrale.

L'un des faits importants de l'histoire de la cité au XXe siècle est le départ de l'armée du château au lendemain de la guerre de 14-18. Jusqu'en 1930, la cité fait l'objet d'ultimes restaurations et, en 1961, un musée lapidai-

re est installé dans le château complètement réhabilité. Au début des années soixante, un certain nombre de modifications sont apportées aux restaurations du XIXᵉ siècle, notamment sur les toitures (cf. plus bas).

Une des principales conséquences de cette évolution d'un siècle est la chute de la population de la cité. Cette dernière, qui avait encore 1 346 habitants en 1846, n'en comptera plus que 139 en 1994 ! La première cause de cette hémorragie est la destruction des maisons des lices. A cela, il faut ajouter le vieillissement de la population après la guerre de 14-18 et les changements économiques.

Mais l'avènement de la société de consommation et de loisir dans les années soixante-dix donne un nou-

La tour du Moulin du Midi après restauration, vers 1907-1910. (Photo abbé Verguet/A.D. Aude 5 Fi 899.)

La construction des créneaux devant la porte d'Aude en 1863. (Photo abbé Verguet/A.D. Aude 5 Fi 40.)

veau souffle à la cité. Elle entraîne un afflux considérable de touristes et une multiplication de l'offre marchande (plus de cent dix commerces à la fin des années quatre-vingt-dix). La cité est désormais un des monuments les plus visités de France. Mondialement connue, la cité de Carcassonne est classée au patrimoine mondial de l'Unesco en 1997...

Polémiques autour d'une restauration

Les restaurations menées par Viollet-le-Duc dès la fin des années 1840 sur Saint-Nazaire et à partir du début des années 1850 sur les fortifications, déclenchent une série de polémiques. Dès 1855-1857, le baron de Guilhermy note après une visite à Carcassonne : « *Des travaux de restauration, à notre avis dans des proportions exagérées, sont depuis plusieurs années en cours d'exécution. C'est par le côté occidental qu'on a commencé, et d'abord on s'est contenté de rétablir l'ancienne disposition présumée de la porte de l'Aude. Quelque habile que soit l'architecte, il n'est pas plus infaillible que ses confrères* » (3). Mais les premiers à vraiment critiquer l'œuvre de Viollet-le-Duc sont les auteurs romantiques attachés à l'esthétique de la ruine. En 1865, dans ses carnets de voyage, Taine dénonce « *les constructions neuves et pauvres, si dépaysées aujourd'hui, qui semblent un décor d'opéra* ». Non sans lyrisme, Taine fait l'apologie des parties non restaurées qui subsistent : « *Au contraire, les parties intactes, bronzées par le ruissellement du soleil, écorchées et rongées par le temps, hérissent magnifiquement leur ligne bossuée, leur ruine aventureuse, leurs écroulements bizarres, leurs parois rugueuses ; la lumière accroche aux pointes saillantes, aux bosselures polies, rejaillit du milieu des crevasses noires ; des herbes sèches pendillent aux créneaux disjoints, une tour carrée perpendiculaire monte raide dans le bleu au milieu des blocs démantelés. La nature a repris pour soi la bâtisse humaine, elle se l'est harmonisée, elle y a versé son pêle-mêle, ses hasards, son fantastique, la*

(3) Cité par Y. BRUANT, *Les Enceintes de la cité de Carcassonne, Congrès archéologique de France*, 1973, p. 515.

variété nuancée de ses formes et la riche plénitude de ses teintes ».

A cette première catégorie de critiques, s'ajoutent des intellectuels essentiellement locaux (dont J.P. Cros-Mayrevieille, évincé au profit de Viollet-le-Duc) qui reprochent à Viollet-le-Duc et à son successeur Boeswillwald l'option du « tout gothique », argument qui cache en fait une exaspération pour la « dictature sournoise » exercée depuis Paris par les Monuments historiques. Pour d'autres, les arguments sont à la fois esthétiques et historiques. Au début du XXᵉ siècle, le poète Achille Rouquet écrit : « *Sauvée des bêtes,* (la cité) *est tombée sous la coupe des savants encore plus dangereux. Chaque jour apporte son injure, ajoute sa verrue et fait entrer lentement la vraie et vieille cité de Carcassonne dans l'ombre de plus en plus épaisse des choses éternellement abolies ».* En 1912, François de Neufchâteau, dans un ouvrage intitulé *La cité de Carcassonne et les rebâtisseurs de ruines,* note : « *J'estime coupable d'abus de confiance, les hommes qui, sous prétexte de restaurer la cité, l'ont complètement défigurée et dénaturée [...]. Avant leur venue, il y avait d'admirables ruines, après leur passage, il n'y a plus que de la maçonnerie style Viollet-le-Duc ».* Pour Neufchâteau, les anciennes tours auraient gagné à être *« réparées pieusement et consolidées honnêtement »* (4). A la même époque, dans les colonnes de l'*Intérêt général de l'Aude,* Jean Lepargneur se lance dans une longue diatribe contre les restaurateurs : « *Qu'elle est loin la cité de 1835, celle que découvrait Mérimée, celle dont Taylor fixait le souvenir dans ses prestigieuses lithographies [...]. Les moindres coins, présentant encore un peu de pittoresque, de spontanéité ont été revus et corrigés. Ces dernières années surtout, on s'est acharné. Disparition de la vénérable rue des Lices-Hautes : la pioche des démolisseurs emporte les dernières maisons. Partout vous obsèdent les hideux cônes d'ardoise dont le gris bleuâtre, sans chaleur, miroite désagréablement au soleil [...]. De tous côtés, la main brutale a sévi, la pierre neuve s'étale, insolente ; une pénible impression de truquage vous écœure ».*

Au fil des années, ces critiques, formulées par des hommes qui, pour la plupart, avaient connu la cité avant ses restaurations, s'estompent. Les nouvelles générations de notables locaux ne voient plus que l'intérêt économique de la restauration de la cité. Quant aux historiens et aux archéologues, s'ils ne remettent plus en cause le principe général de la restauration de la cité par Viollet-le-Duc, ils soulignent cependant un certain nombre d'erreurs ou de maladresses.

On reproche ainsi à Viollet-le-Duc d'avoir restauré la nef romane de Saint-Nazaire en grand appareil rectangulaire au découpage monotone alors que l'appareil du début du XIIIᵉ siècle, encore visible, est de taille modeste et irrégulière et toujours proche du carré, d'avoir utilisé un grès de mauvaise qualité qui s'est délité plus vite sous l'effet du vent que le matériau médiéval. Pour l'historien d'art Marcel Durliat, qui souligne qu'à aucun moment Saint-Nazaire n'a été une église fortifiée, le clocher occidental constitue

(4) Cité par P. SATGÉ, *op. cit.* p. 188-189.

La porte d'Aude (à droite), la tour de la Justice et le château « comtal » au début du XXᵉ siècle. Les restaurations sont ici encore bien visibles. Toutes les parties hautes de l'enceinte extérieure (merlons) sont neuves, tout comme la partie haute de la tour de la Justice et le châtelet qui coupe les lices devant la tour Pinte, entièrement reconstituée dans le style de la fin du XIIIᵉ siècle. (Coll. auteur.)

une « abomination ». Joseph Poux reproche quant à lui un certain nombre d'erreurs dans la restitution des tours « wisigothes » et notamment la création d'un modèle de fenêtres et de portes n'ayant rien à voir avec les ouvertures d'origine. On souligne aussi le côté artificiel de la grande bretèche surmontant l'entrée de la porte d'Aude, généralisation abusive du crénelage sur tous les remparts, l'invention du pignon à redan du château comtal et de la traverse fortifiée du flanc nord de ce dernier, le manque d'esthétique du faux pont-levis précédant la porte Narbonnaise (œuvre de Boeswillwald) par ailleurs discutable du point de vue archéologique. Mais le principal reproche porte sur la généralisation de l'ardoise à toutes les couvertures de la cité.

Cette dernière critique est ancienne (cf. plus haut) et récurrente. Entre les deux guerres, l'écrivain Marcelle Tinayre écrivait encore : « *Quand ces gens-là (les architectes) se mettent dans une ruine c'est pour l'habiller à neuf et la maquiller. Voyez ce qu'ils ont fait de Carcassonne en la coiffant d'ardoises gothiques, dans ce sec Languedoc où les châteaux et les villes, les villages, les moindres masures, cuisent au soleil leurs toits de tuiles orangées ».* La polémique prend un tour nouveau à la fin des années cinquante lorsque le mauvais état des couvertures des tours Narbonnaises nécessite des réparations urgentes. Le 24 avril 1959, M. Donzet, architecte en chef chargé de la région de Carcassonne, décide de substituer aux ardoises des tuiles plates rouges. Un peu plus tard, la tour du Tréseau et quelques tours du front sud subissent la même restauration. Sur le front nord, les tours de l'enceinte extérieure qui avaient reçu un toit en poivrière recouvert d'ardoises sont remaniées. Les visiteurs, qui empruntaient le chemin de ronde contournant ces toits avaient en effet pris la fâcheuse habitude de décoller les ardoises, emportées comme « souvenir ». Ces toits sont donc supprimés et remplacés par des dalles de béton. Enfin, plus près de nous, sur les tours antiques du front nord, les toits d'ardoise sont remplacés par des toits à faible pente recouverts de tuiles canal (ou creuses), jugés plus harmonieux sur ces constructions.

L'absence de documents probants rend pourtant difficile tout jugement sur cette question. Dans son rapport du 6 janvier 1849, Viollet-le-Duc préconise, pour les tours de la porte Narbonnaise, l'emploi de la tuile plate : « *Quelques tuiles colorées que j'ai retrouvées dans les décombres m'ont fourni les éléments de la couverture de ce beau monument* », écrit l'architecte. Sur un dessin aquarellé, daté de 1850 et montrant son projet pour la porte Narbonnaise, Viollet-le-Duc représente cette dernière recouverte de tuiles plates, en partie vernissées à la manière bourguignonne. Cependant, dans le même rapport, l'architecte souligne que les combles de ces tours ont été remaniés et abaissés au XVe siècle. Par ailleurs, dans son dictionnaire d'architecture, Viollet-le-Duc écrit, à l'article « ardoise » : « *Il paraîtrait que dès le XIe siècle dans les contrées schisteuses, on employait l'ardoise concurremment avec la tuile creuse ou plate. Dans des constructions de cette époque, nous avons trouvé de nombreux fragments d'ardoises très épaisses et mal coupées mais n'en constituant pas moins une excellente couverture. Toutefois, tant qu'on ne trouva pas les moyens d'exploiter l'ardoise en grand, de la déliter et de la couper régulièrement, on préféra la tuile qui, faite avec soin, couverte d'émaux de différentes couleurs, était d'un aspect beaucoup plus riche et plus monumental. Les ardoises n'étaient guère employées que pour les constructions vulgaires, et comme on les emploie encore aujourd'hui dans le Mont-Dore, la Montagne Noire et les Ardennes. Ce ne fut guère qu'à la fin du XIIe siècle que l'ardoise devint d'un emploi général dans le nord et l'ouest de la France… L'adoption des combles coniques par les tours des châteaux rendait l'emploi de l'ardoise obligatoire car on ne pouvait convenablement couvrir un comble conique avec de la tuile, à moins de la faire fabriquer exprès et de diverses largeurs, tandis que l'ardoise, pouvant se tailler plus facilement, permettait de chevaucher toujours les joints de chaque rang d'une couverture conique* ».

Cette constatation ainsi que la découverte dans les décombres de nombreux fragments d'ardoises décident finalement, Viollet-le-Duc, dont l'idée directrice était de restituer la cité dans son état de la fin du XIIIe siècle, à opter pour l'ardoise sur tous les toits.

M. Bouffet, dans un article paru dans les *Mémoires de la société des Arts et des Sciences de Carcassonne* en 1899-1900, est l'un des premiers à émettre de sérieux doutes sur l'option retenue par Viollet-le-Duc. Ce dernier, écrit-il, « *a généralisé et appliqué à toutes les tours, sans distinction, la couverture en ardoise. En l'absence de preuves certaines, on peut*

1. *La traverse du château, vue du sud, avant restauration (1863).* (A.D. Aude, 5 Fi 37.)

2. *La même traverse, avec son échauguette reconstituée, vue du nord. Au premier plan, la tour de la Poudre (début du XXe siècle). Les restitutions et restaurations de Viollet-le-Duc, qui choquèrent un grand nombre de ses contemporains, sont ici bien visibles. Elles se sont bien atténuées de nos jours.* (Coll. auteur.)

3. *Le front nord avant restauration (1865) : la tour Mouretis (enceinte extérieure), les tours Samson (à gauche) et du Moulin d'Avar (enceinte intérieure).* (Photo abbé Verguet/A.D. Aude 5 Fi 36.)

donc réserver son jugement. On aurait pu, pour les ouvrages antérieurs à Philippe le Hardi, s'inspirer des traditions locales ».

L'enceinte extérieure est longue de 1.500 m. et séparée de l'enceinte
intérieure par un espace variable de 7 à 8 m.

2

tification du maître que les architectes du nord de la France qui ont accommodé de toutes pièces la cité au XIIIe siècle étaient, à n'en pas douter, des praticiens déterminés de la couverture en ardoise. Ils avaient en outre les moyens de s'approvisionner en schistes appropriés dans certains districts de la Montagne Noire peu éloignée de Carcassonne » (6). J. Poux évoque par ailleurs, l'idée déjà suggérée par certains architectes (et reprise plus tard), de recouvrir les tours antiques d'un comble bas tapissé de tuiles à la romaine, les tours du château (XIIe siècle) d'un toit rustique de tuiles creuses du pays et les ouvrages royaux (XIIIe siècle) de combles aigus habillés d'ardoises. Mais il se montre opposé à cette solution qui, selon lui, offre l'anomalie de tronçonner les couverts de la cité en trois époques d'architecture qui n'ont pu ni se juxtaposer ni se perpétuer.

La polémique rebondit dans les années quarante et cinquante. M. Bourély, qui avait découvert des arrachements avec traces de lauzes, estime ainsi que certaines couvertures à forte pente étaient initialement couvertes en lauzes puis reprises plus tard en tuiles plates. A peu près à la même époque, M. Embry,

conservateur du musée de Carcassonne, signale la découverte, dans une salle haute du donjon, d'une volige (7) percée de trous paraissant avoir servi à fixer des tuiles plates. En 1957, G. Mot, auteur d'un article sur l'inventaire de 1298, estime quant à lui, que la tuile dominait entièrement et que l'ardoise ne fut appliquée qu'aux grandes tours construites dans le style Français.

Contrairement à M. Bourely, l'architecte en chef des Monuments historiques, Donzet, pense que la lauze ne pouvait être employée que sur des couvertures plates et que les toitures aiguës étaient recouvertes de tuiles épaisses et fixées avec des clous, comme cela était d'usage en Ile-de-France jusqu'au XVe siècle et dont il reste des exemples à Dourdan, Senlis et au château d'Esmans. C'est sur ces derniers arguments que furent entreprises les réfections des années soixante, très critiquées à l'époque et aujourd'hui abandonnées par les Monuments historiques...

1. *Travaux de reconstruction de la barbacane Notre-Dame après arasement des constructions du génie (1898).* (Photo abbé Verguet/A.D. Aude 5 Fi 26.)

2. *Le front nord avant restauration (début des années 1860) : au premier plan, la courtine et ses maisons parasites, les tours de Bénazet et de Bérard (enceinte extérieure), au second plan, la tour du Vieulas, la tour*

Dans sa monumentale étude sur la cité, parue entre les deux guerres, Joseph Poux reconnaît que les sources sont insuffisantes pour trancher. Il évoque deux éléments qui militent pour la tuile : la mention d'un couteau servant à fabriquer les tuiles dans l'inventaire de 1298 (*unum cutellum ferri ad talliandum terram pro tegulis faciendis*) et des commandes de tuiles dans un livre de comptes du XVIe siècle (5). Mais, souligne J. Poux, « *ni ces indications sommaires ni les considérations en apparence plus pressantes tirées de l'emploi séculaire de l'argile cuite dans la contrée, ne condamnent a priori la conception de Viollet-le-Duc. Il est équitable d'observer pour la jus-*

Ces querelles, qui sont loin d'être achevées, ne doivent pas occulter le côté positif de l'œuvre de Viollet-le-Duc. Comme le souligne Yves Bruant, ce dernier lors de la restauration de la cité, ne s'est pas laissé emporter par la simple fantaisie : « *Servi par un admirable coup d'œil dans l'observation des monuments, une énorme capacité de travail, un amour sincère pour la connaissance du passé, il s'est livré à des études approfondies d'où il tirait des conclusions destinées à être mises en pratique* ». Même si son excès de zèle, son désir de perfection, sa volonté de logique et de rationalisation poussée à l'extrême et son souci du pittoresque l'on conduit à adopter des solutions discutables, Viollet-le-Duc a eu le mérite de sauver de la ruine un exemple unique de fortifications urbaines médiévales (8). La récente inscription de la cité au patrimoine mondial de l'Unesco (1997), dans son état laissé par Viollet-le-Duc, s'inscrit dans ce mouvement de réhabilitation de l'œuvre de l'architecte...

(5) Les Archives de l'Aude conservent treize livres de comptes sur lesquels sont portés les frais de restauration et d'entretien des ouvrages et des forts appartenant au roi dans la sénéchaussée de Carcassonne et Béziers de 1563 à 1609. La liasse 67 C 1, f° 73 (période 1563-1567) mentionne par exemple « *A M° Martin Basteguier, tuilier à Conques (au Nord de Carcassonne), la somme d'une part de 9 livres, 3 sols, 4 deniers pour un millier de tuiles qu'il a fourni et porté dudit lieu de Conques en ladite cité de Carcassonne et employées à recouvrir les tours de guet d'icelle, plus d'autre part la somme de 17 sous tournois pour un muy quatre sestiers de chaux vive qu'il a fourni et porté à la dite cité pour employer aux réparations des couverts* ». La mention de tuiles plates ou canal, destinées aux couvertures de la cité, apparaît à plusieurs reprises dans ces documents.

(6) J. POUX, *La cité de Carcassonne*, t. II, pp. 113-114.

(7) Planche mince, jointive avec d'autres, utilisée dans la réalisation de couvertures et sur laquelle reposent les tuiles, les ardoises ou les lauzes.

(8) Y. BRUANT, Les Enceintes de la cité de Carcassonne, *op. cit.* p. 511.

du Moulin du Connétable et la tour du Trésau. *(Photo abbé Verguet/A.D. Aude 5 Fi 34.)*

3. Une des tours « wisigothes » vue de l'intérieur, après restauration (1863). Le toit en ardoise a été remplacé depuis par un toit moins pentu, couvert en tuiles canal. *(Photo abbé Verguet/A.D. Aude 5 Fi 41.)*

4. La porte de la barbacane du château vue de l'intérieur, avant restauration (vers 1864). Toutes les constructions para-

sites l'entourant ont été supprimées et la barbacane reconstituée. *(Photo abbé Verguet/A.D. Aude 5 Fi 51.)*

5 et 6. La grande cour du château « comtal » au début des années 1860. Les constructions diverses qui s'appuyaient contre l'enceinte ont toutes été détruites. *(Photo abbé Verguet/A.D. Aude 5 Fi 55 et 56.)*

Vue de la cité prise au nord-ouest à la fin du XIXe siècle. On distingue à droite la tour carrée de l'Evêque, la tour Ronde et la tour Wisigothe et derrière, la silhouette de la cathédrale Saint-Nazaire avec son clocher fortifié entièrement reconstitué par Viollet-le-Duc, puis, après la porte d'Aude, la tour de la Justice. Le front ouest du château n'est pas encore restauré (sauf la tour Pinte). Les travaux ont cependant commencé sur la tour de la Poudre et la tour de la Chapelle. On remarque à gauche, la succession des tours « wisigothes ». Juste en dessous du château, la rampe fortifiée (caponnière) est encore à l'état de ruine. (Coll. auteur.)

Le château « comtal » après restauration (vers 1907-1910), au premier plan, la tour de la Charpentière. (Photo abbé Verguet/A.D. Aude 5 Fi 903.)

Parmi les restaurations contestées de Viollet-le-Duc figure le pignon à redans du château « comtal » que l'on voit ici à côté de la tour Pinte. Viollet-le-Duc s'est inspiré du pignon de la tour du Tréseau. Mais comme pour beaucoup de ses reconstitutions, l'architecte a privilégié l'esthétique au détriment de l'authenticité.

Le front nord vu de la Gravette (vers 1907-1910). Au premier plan le séminaire et la route de Narbonne. On remarquera au centre, la tour du Moulin du Connétable couverte d'un toit supprimé depuis. (Photo abbé Verguet/A.D. Aude 5 Fi 524.)

Cette enluminure du XVᵉ siècle montrant le siège d'Evreux, nous donne une idée de l'aspect d'une ville fortifiée du « nord » de la France à la fin du Moyen Age. La plupart des tours rondes de l'enceinte sont surmontées de combles en poivrière recouverts d'ardoises. Ce matériau est utilisé avec de la tuile rouge pour les maisons de la ville. (British Library/DR.)

Sur le premier projet de restauration de la porte Narbonnaise, Viollet-le-Duc avait prévu de couvrir les toits avec des tuiles plates rouges et vernissées à la façon bourguignonne. Il renoncera finalement à ce projet pour l'ardoise. Cette dernière ne constitue pas une anomalie dans la région de Carcassonne car la Montagne Noire, très proche, utilise ce matériau, exploité sur place, depuis le Moyen Age. Les ardoises utilisées par Viollet-le-Duc pour ses restaurations provenaient de la carrière de Dourgne, située sur le versant nord de la montagne. (Dessin aquarellé de Viollet-le-Duc, Coll. Part./CNMHS.)

L'enceinte intérieure sur le front est. Au premier plan la tour Saint-Laurent, l'ouvrage du Trauquet et la tour du même nom. Au second plan, après la tour du Sacraire Saint-Sernin, les tours de la porte Narbonnaise. Les tours Saint-Laurent et du Trauquet ont conservé les toits d'ardoises mis en place par Viollet-le-Duc alors que celles de la porte Narbonnaise, restaurées au début des années 1960, ont reçu une couverture en tuiles plates rouges jugées alors plus conforme à la réalité. Ces tuiles, mal cuites et soumises aux variations de températures importantes dans la région, se sont beaucoup dégradées. Ces toits, comme tous ceux couverts de tuiles nécessitent aujourd'hui une nouvelle restauration. Depuis le XIIIᵉ siècle, ces restaurations se sont succédé et les matériaux utilisés ont varié en fonction des budgets et des disponibilités.

Les deux enceintes

L'enceinte extérieure

Forte de quatorze tours (espacées de 30 à 50 mètres, parfois plus), deux échauguettes et trois barbacanes, l'enceinte extérieure est longue d'un peu moins d'un kilomètre et demi. Ses murs sont en appareil moyen, pas toujours très soigné, avec une hauteur sous créneau variant de 7 à 10 mètres. Cette enceinte a été édifiée, après la Croisade royale, de 1228 à 1239, sous la direction des sénéchaux Eudes le Queux et Jean de Fricamps (1). Cette construction s'est accompagnée d'importants travaux de terrassement destinés à niveler l'espace situé entre cette enceinte et l'enceinte intérieure (les lices), très incliné latéralement. Cet aplanissement avait été jugé nécessaire pour atténuer la faible différence de hauteur entre les deux enceintes qui n'aurait pas permis un couvrement valable de la première enceinte par la seconde et pour faciliter la circulation (cf. croquis). Endommagée à plusieurs endroits lors de l'attaque de 1240, l'enceinte extérieure est réparée et complétée au cours d'une seconde campagne de construction (1240-1245). A la suite de la suppression du faubourg Saint-Michel, le tracé de l'enceinte est rectifié sur le front oriental, de la barbacane Saint-Louis à l'échauguette de l'est. Deux nouvelles tours sont construites dans ce secteur : la tour de la Peyre et la tour de la Vade. Une autre tour est édifiée sur la corne sud-ouest (tour du Grand Burlas). La barbacane de la porte Narbonnaise (baptisée plus tard barbacane Saint-Louis), endommagée lors du siège de 1240, est réparée ainsi que deux pans de courtine au nord et au sud-ouest, effondrée à la suite des travaux de sape. Au nord-est, la tour de Bénazet est remodelée.

Nous commencerons la visite de l'enceinte extérieure à la hauteur de la porte Narbonnaise, entrée principale de la cité et nous remonterons les murailles vers le sud.

En avant de la porte Narbonnaise, l'enceinte extérieure s'ouvre tout d'abord par une barbacane, dite **barbacane Saint-Louis** ou barbacane de la porte Narbonnaise. Cet ouvrage avancé, semi-circulaire, remanié en 1240-1245, est destiné à défendre l'accès à la porte Narbonnaise. Il comprend un crénelage hourdé avec chemin de ronde et huit larges meurtrières au rez-de-chaussée. Cette barbacane est percée sur son flanc d'une porte qui permet l'accès aux fossés. Elle est précédée d'un châtelet crénelé, reconstitution fantaisiste de l'architecte Boeswillwald.

La première tour que l'on rencontre lorsqu'on longe l'enceinte extérieure à partir de la barbacane Saint-Louis, en direction du sud, est la **tour de la Peyre**. Construite après le siège de 1240, cette tour circulaire, à trois étages, est ouverte du côté de la ville dans sa partie supérieure de manière à ne pouvoir servir de défense contre l'enceinte intérieure. Elle est surmontée d'un comble portant sur le bahut intérieur du chemin de ronde. Ce dernier, crénelé, est donc à ciel ouvert mais il pouvait être recouvert de hourds en cas de siège. Outre son rôle de flanquement, la tour de la Peyre protégeait le débouché d'une poterne ouverte dans la courtine qui l'avoisine au nord. Très importante, cette poterne mettait les chemins de ronde supérieurs en communication directe soit avec les lices, soit avec les dehors. Ceci explique la présence à l'arrière de cette poterne, d'une vaste salle voûtée souterraine, donnant dans l'angle de la tour et pouvant contenir une quarantaine d'hommes armés.

Comme la tour de la Peyre, la **tour de la Vade** (déformation de *bada*, « regarder » en langue d'oc) ou tour du Papegay date de la période 1240-1245. Conçue comme une sorte de réduit ou donjon avancé, elle a été construite pour porter la vue au-delà de la colline du Puech Saint-Michel, seul point des abords de la cité dominant celle-ci et emplacement d'un des faubourgs détruits à la suite du siège de 1240. Il s'agit

Vue d'ensemble des deux enceintes de la cité sur le front sud. L'enceinte extérieure est bornée à l'est par la puissante tour de la Vade (à droite sur la photo) et à l'ouest par la tour du Grand Burlas. Au centre du dispositif de l'enceinte intérieure se dresse la tour-porte Saint-Nazaire. Tout à fait à gauche, juste derrière la tour du Grand Burlas, la tour Mipade marque l'angle sud-ouest de cette portion de l'enceinte.

(1) C'est en tout cas la thèse, très étayée, d'Yves Bruant dans son article paru dans le *Congrès archéologique* de 1973. Pour J. Poux, cette enceinte aurait succédé à une enceinte bâtie en matériaux légers après la prise de Carcassonne en 1226 et daterait plutôt des années 1250.

(Suite page 42.)

L'enceinte extérieure, front est

Sur le front est, l'enceinte extérieure comprend trois tours (tour de Bérard, tour de la Peyre et tour de la Vade), une barbacane (barbacane Saint-Louis) et une échauguette. La barbacane protège l'entrée principale de la cité, la porte Narbonnaise.

1. *Portion de l'enceinte extérieure entre la tour de Bérard (à droite) et la barbacane Saint-Louis (à gauche). La tour de Bérard est ronde du côté des fossés, carrée sur la face des lices et comprend deux étages. On aperçoit, derrière cette tour, la masse imposante de la tour du Trésau et derrière la barbacane, la porte Narbonnaise.*

2. *La tour de Bérard vue des lices.*

3. *La courtine entre la barbacane et la tour de la Peyre vue du pont fortifié. Au second plan se détache l'enceinte intérieure. Cette photo permet de mesurer l'important dénivelé qui existe entre le fond du fossé et la base de l'enceinte intérieure.*

4. *La tour de la Vade est l'ouvrage le plus imposant de l'enceinte extérieure. Construite après le siège de 1240 pour porter la vue au-delà de la colline du Puech Saint-Michel, elle a été conçue comme un donjon indépendant et capable de résister longtemps. Elle abrite un puits, une cheminée et un four à pain. Cette tour rappelle, par sa conception, les tours maîtresses philipiennes. Elle est parfois comparée à la tour Constance d'Aigues-Mortes.*

5. *L'échauguette de l'est, qui suit immédiatement la tour de la Vade, flanque l'angle avancé de la courtine et commande les fossés. Elle est crénelée et peut recevoir des hourds.*

L'enceinte extérieure, front sud

Le front sud de l'enceinte extérieure aligne quatre tours (tour Pouleto, tour Cautière, tour d'Ourliac et tour du Grand Burlas) et une barbacane (barbacane Crémade). Cette dernière protège l'accès à la tour-porte Saint-Nazaire. Toute cette portion de l'enceinte date de la première campagne de travaux (1228-1239) sauf la tour située à l'extrémité ouest, la tour du Grand Burlas, construite après le siège de 1240.

1. La tour Pouleto avec au second plan, la tour du Plo (enceinte intérieure). Comme les tours Cautière et Ourliac, cette tour à deux étages coupe le chemin de ronde. Elle est dotée de deux escaliers : un premier dans l'épaisseur du mur desservant le premier étage et un second, intérieur, desservant le crénelage.

2. Meurtrière de la tour Pouletot, modifiée au XVᵉ siècle, pour recevoir une bouche à feu.

3. La courtine entre la tour Cautière et la barbacane Crémade.

36

4. *La barbacane Crémade avec, au second plan, la tour-porte Saint-Nazaire. Ce vaste ouvrage semi-circulaire, d'environ quinze mètres de diamètre, est en communication avec le chemin de ronde des courtines.*

5. *La tour d'Ourliac vue du chemin de ronde de l'enceinte intérieure. Les deux étages étaient couverts de planchers escamotables reposant sur la maçonnerie...*

L'enceinte extérieure, front ouest

Sur le front ouest, l'espace séparant l'enceinte extérieure de l'enceinte intérieure (lices) se rétrécit car, dans ce secteur, la cité est bâtie à la limite de l'escarpement qui domine l'Aude. Entre les tours du Grand et du Petit Canissou, les lices sont enjambées par la tour carrée de l'Evêque. Après la tour du Petit Canissou, l'enceinte est jalonnée par les défenses de la porte d'Aude puis par celles du château.

1. La tour du Grand Canissou est demi-ronde, fermée à la gorge au rez-de-chaussée et dotée d'un chemin de ronde. Son crénelage a été recouvert d'un comble par Viollet-le-Duc. On devine au second plan les hauteurs de la Montagne Noire où les constructeurs médiévaux purent s'approvisionner en ardoises...

2. La montée d'Aude. Au premier plan à droite, une portion de courtine de l'enceinte extérieure puis les deux portes successives et dans le prolongement de la seconde, émergeant au-dessus de l'enceinte, la traverse du sénéchal (reconstituée dans le style du XIIIᵉ siècle par Viollet-le-Duc). Après les portes, un mur, parallèle à l'enceinte intérieure, protège une cour oblongue qui donne accès à la porte d'Aude. On aperçoit, plus loin, le tracé de l'enceinte extérieure aux pieds du château.

3. La seconde porte de la montée d'Aude. Au fond, la tour de la Justice, la courtine qui la précède, percée de ses trois fenêtres géminées, puis la bretèche qui surmonte la porte d'Aude (reconstitution de Viollet-le-Duc). En dessous de cette dernière, le mur qui délimite le pan incliné permettant d'accéder à la porte.

3

L'enceinte extérieure, front nord

Dans ce secteur, l'enceinte extérieure est rythmée par quatre tours (tour de la Porte Rouge, tour de la Glacière, tour Moreti et tour Bénazet) et une barbacane protégeant l'accès à la porte de Rodez. A partir de la barbacane, l'enceinte est précédée d'un fossé.

1. *Vue des tours de la Glacière et de la Porte Rouge. Ces deux tours ont été construites sur le même plan que celui de la tour Moreti et comptent deux étages dont un étage situé sous le niveau des lices. Elles dominent l'escarpement qui surplombe la plaine d'Aude et ne sont donc pas précédées d'un fossé.*

2. *La barbacane Notre-Dame avec au second plan l'enfilade de trois tours « antiques » de l'enceinte intérieure (tour de la Marquière, tour de Samson et tour du Moulin d'Avar). Cette barbacane est dotée d'un large chemin de ronde crénelé et d'une ligne de neuf meurtrières.*

3. *La tour de Bénazet. Endommagée lors du siège de 1240, elle a été remaniée lors de la seconde campagne de travaux (1240-1245). Comme les trois autres tours du front nord, le toit en poivrière dont elle avait été couverte lors des restaurations, a été supprimé dans les années 1960.*

4. *La tour de Bénazet vue sous un autre angle. Juste derrière, se dresse la tour du Moulin du Connétable.*

5. *La courtine entre la tour de Bérard (au premier plan) et la tour de Bénazet (à droite).*

d'une grande tour aux murs épais percés d'archères nombreuses se chevauchant sur plusieurs étages. Elle est dotée de cinq étages spacieux dont trois voûtés d'ogive avec clés sculptées présentant les caractères de l'imagerie du temps de Saint Louis. Elle abrite un puits, une cheminée et un four à pain. C'est dans cette tour que logeait la compagnie des Mortes-Paye, instituée par Saint Louis pour la garde de la cité.

La tour de la Vade est séparée de la tour Pouleto par une échauguette, dite **échauguette de l'est**, qui flanque l'angle avancé de la courtine et commande les fossés. Des trous de hourds montrent que cette échauguette pouvait être armée en temps de guerre.

Jusqu'à la barbacane Crémade, la courtine est dotée de deux ouvrages, les **tours Pouleto et Cautière**. Ces dernières interrompent le chemin de ronde grâce à deux portes faciles à obstruer. Elles sont dotées d'un escalier intérieur, pouvant être intercepté et conduisant au crénelage hourdé. Un deuxième escalier dans l'épaisseur du mur dessert le premier étage à plancher mobile.

Située juste après la tour Cautière, la **tour Créma-de** (ou barbacane de la poterne Saint-Nazaire) est un vaste ouvrage semi-circulaire d'environ 15 mètres de diamètre. Cette tour non couverte est en fait une barbacane propre à protéger des sorties ou des partis entrants. Elle est en communication directe avec le chemin de ronde des courtines dont elle constitue en fait une sorte d'appendice de flanquement. Juste à côté, se trouve une poterne donnant sur le fossé, peu profond à cet endroit. Cette poterne pouvait être

murée facilement en cas de siège en remplissant l'escalier roide qui, de son seuil, monte aux lices.

La **tour d'Ourliac,** qui suit, est construite sur le même plan que les tours Pouleto et Cautière. Au XVIe siècle, cette tour a été dotée d'une meurtrière capable de recevoir une bouche à feu en flanquement.

Cette portion de l'enceinte extérieure s'achève par la **tour du Grand Burlas**, située à l'angle sud-ouest, au saillant extrême de la place. Cet ouvrage, bâti avec un soin tout particulier lors de la deuxième campagne de travaux (1240-1245) comprend trois étages recouverts d'un comble. Sa salle haute, largement ouverte sur les lices, permettait de cribler de flèches les ennemis qui auraient pu s'y installer. Une tradition, sans doute erronée, lui attribuait le rôle d'une tribune lors des tournois. Juste au pied de cette tour, côté lices, des fouilles ont mis à jour une tour « antique » renversée, qui prouve que l'enceinte primitive coïncidait, dans ce secteur, avec l'enceinte intérieure actuelle.

Après la tour du Grand Burlas, l'enceinte extérieure domine la vallée de l'Aude et suit de très près l'enceinte intérieure. Jusqu'à la porte d'Aude, elle est jalonnée par deux ouvrages construits sur le même plan, les tours du Grand et du Petit Canissou. La **tour du Grand Canissou** est demi-ronde, fermée à la gorge au rez-de-chaussée et dotée d'un chemin de ronde avec crénelage au premier étage. On voit toujours, en dehors de cette partie de l'enceinte et juste à côté de cette tour, les orifices de l'égout que le roi

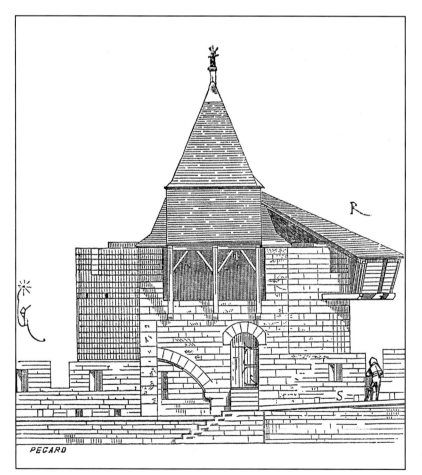

42

Suite page 56.

*Ci-dessus : **ouverture en flanquement pour bouche à feu creusée au XVᵉ siècle dans la tour Cautière.***

*Ci-contre : **l'escalier roide mettant en communication les lices et les fossés juste avant la tour Crémade. En cas de siège, il pouvait être facilement obstrué par remplissage.***

*Ci-dessous : **la tour d'Ourliac.***

*Ci-contre : **cet escalier, construit dans l'épaisseur du mur, permet d'accéder à l'étage supérieur de la tour d'Ourliac.***

1. *La tour du Grand Burlas, construite au cours de la seconde campagne de travaux (1240-1245) marque l'angle sud-ouest de l'enceinte extérieure. Au second plan, la tour Mipade (enceinte intérieure).*

2. *La tour du Grand Burlas vue des lices.*

3. *La rampe d'accès à la porte d'Aude comprend une avant-porte constituée d'une porte surbaissée que l'on voit bien ici, suivie d'une autre porte en tiers point. Ces ouvrages ont été reconstitués par Viollet-le-Duc. On aperçoit à droite, la partie haute de la traverse du sénéchal, autre reconstitution de Viollet-le-Duc.*

4. *Les deux portes de la montée d'Aude, vues de la cité.*

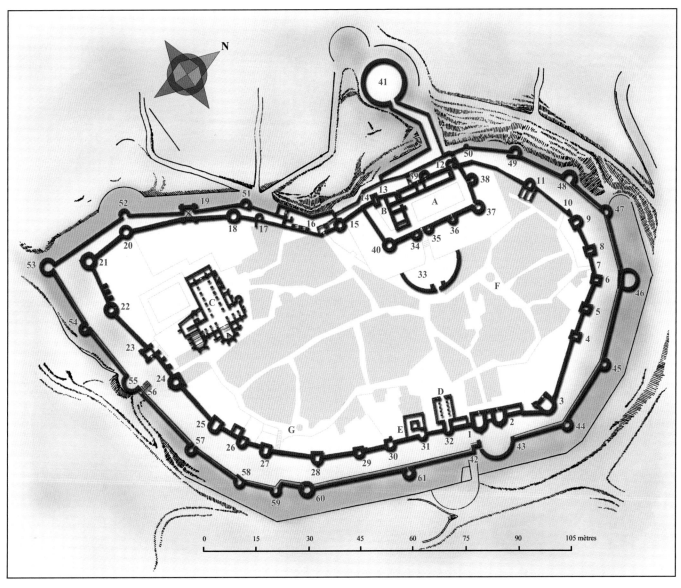

Plan de la Cité

Enceinte intérieure

1 et 2. *Tours Narbonnaises.*
3. *Tour du Tréseau.*
4. *Tour du Moulin du Connétable.*
5. *Tour du Vieulas.*
6. *Tour de la Marquière.*
7. *Porte du Bourg.*
8. *Tour de Samson.*
9. *Tour du Moulin d'Avar.*
10. *Poterne d'Avar.*
11. *Tour de la Charpentière.*
12. *Tour de la Chapelle.*
13. *Tour Pinte.*
14. *Poterne Pinte.*
15. *Tour de Justice.*
16. *Porte d'Aude.*
17. *Tour Wisigothe.*
18. *Tour ronde de l'Evêque, dite de l'Inquisition.*
19. *Tour carrée de l'Evêque.*
20. *Tour de Cahuzac.*
21. *Tour Mipadre.*
22. *Tour du Moulin de Midi.*
23. *Tour Saint-Nazaire.*
24. *Tour Saint-Martin.*

25. *Tour des Prisons.*
26. *Tour du Castéra.*
27. *Tour du Plo.*
28. *Tour de Balthazar.*
29. *Tour de Davejean.*
30. *Tour Saint-Laurent.*
31. *Tour du Trauquet.*
32. *Tour du Sacraire Saint-Sernin.*

Château

33. *Barbacane de l'Est.*
24 et 35. *Tours de la Porte orientale.*
36. *Tour des Casernes.*
37. *Tour du Major.*
38. *Tour du Degré.*
39. *Tour de la Poudre.*
40. *Tour de Saint-Paul.*
41. *Barbacane d'Aude ou de l'ouest.*

Enceinte extérieure

42. *Avant-porte Narbonnaise.*
43. *Barbacane Saint-Louis.*
44. *Tour de Bérard.*
45. *Tour de Bénazet.*
46. *Barbacane et poterne Notre-Dame.*

47. *Tour de Moreti.*
48. *Tour de la Glacière.*
49. *Tour de la Porte Rouge.*
50. *Echauguette de l'Ouest.*
51. *Tour du Petit Canissou.*
52. *Tour du Grand Canissou.*
53. *Tour du Grand Burlas.*
54. *Tour d'Ourliac.*
55. *Barbacane Crémade.*
56. *Poterne du Razès.*
57. *Tour Cautière.*
58. *Tour Pouleto.*
59. *Echauguette de l'Est.*
60. *Tour de la Vade.*
61. *Tour de la Peyre.*

Divers

A. *Grande cour du château.*
B. *Petite cour du château.*
C. *Cathédrale Saint-Nazaire.*
D. *Eglise Saint-Sernin (détruite).*
E. *Bâtiment annexe du Trauquet (détruit).*
F. *Grand Puits.*
G. *Petit Puits.*

L'enceinte intérieure : la porte Narbonnaise

L'ouvrage le plus considérable et le plus beau de l'enceinte intérieure est la porte Narbonnaise, édifiée à la fin du XIIIᵉ siècle et parvenue jusqu'à nous presque intacte. Véritable châtelet, cet édifice est composé de deux grosses tours jumelles reliées par un corps de bâtiment dans lequel s'ouvre la porte. Cette dernière, accessible aux charrois, constitue l'entrée principale de la cité. Comme la tour du Trésau, la porte Narbonnaise est plus qu'un simple organe de défense. C'est aussi une construction de prestige, signe de souveraineté destiné à impressionner les princes étrangers et les populations locales.

1. La porte Narbonnaise vue des abords de l'enceinte extérieure. Elle est précédée par un pont fortifié, reconstitution hasardeuse de l'architecte Boeswillwald et par la barbacane Saint-Louis.

2. Les deux tours qui forment la porte sont munies de l'éperon en accolade caractéristique des constructions de la fin du XIIIᵉ siècle. D'une efficacité assez illusoire, ces éperons ont un impact architectural considérable par l'effet de puissance qui s'en dégage. On remarquera également l'appareillage en bossage rustique qui se retrouve sur d'autres monuments languedociens contemporains (Arques, Puylaurens) et sur les tours et remparts d'Aigues-Mortes.

3. La porte Narbonnaise vue de face. La porte qui est percée à la base du bâtiment central fait 2,50 mètres de large. Elle est surmontée d'une niche abritant une statue de la Vierge.

4. *Cette photo met en évidence les défenses renforcées de la porte : les fentes dans lesquelles passaient les deux herses, les mâchicoulis qui accompagnaient ces dernières et au centre de la voûte, l'assommoir.*

5. *La tour sud vue de profil. Les tours de la porte Narbonnaise ont une forme de fer à cheval non outrepassé. La façade côté cité est plate et englobe le bâtiment central.*

6. *Ces riches fenêtres ogivales (restaurées) éclairent la grande salle située au second étage de la porte Narbonnaise.*

L'enceinte intérieure, fronts est et sud

Les fronts est et sud de l'enceinte intérieure comprennent douze tours dont une tour-porte (tours du Sacraire Saint-Sernin, du Trauquet, Saint-Laurent, Davejean, de Balthazar, du Plo, Castéra, des Prisons, Saint-Martin, Saint-Nazaire, du Moulin du Midi et Mipadre). De la porte Narbonnaise à la tour Saint-Martin, les courtines remontent à l'époque antique (sauf autour de la tour de Balthazar) avec reprise en sous-œuvre au début du XIIIᵉ siècle et surtout surélévation à la fin de ce siècle. Sauf la tour de Balthazar, édifiée à la fin du XIIIᵉ siècle, les tours de cette portion d'enceinte ont été édifiées sur des bases antiques. Par contre, de la tour Saint-Martin à la tour Mipadre, les tours et les courtines ont été entièrement construites à la fin du XIIIᵉ siècle.

1. La courtine qui suit immédiatement la porte Narbonnaise est interrompue par la tour du Sacraire Saint-Sernin. Tout à fait à gauche, la tour du Trauquet.

2. La tour du Sacraire Saint-Sernin vue de face. Il s'agit d'une tour antique surélevée au XIIIᵉ siècle et qui formait l'abside de l'église paroissiale Saint-Sernin, démolie en 1793. La fenêtre gothique a été percée en 1441, remplaçant la baie primitive. On remarquera, sur les courtines qui environnent cette tour, la superposition et l'imbrication anarchique des maçonneries.

3. *La tour du Trauquet avec ses différentes strates : base du début du XIIIe siècle, corps antique, surélévation de la fin du XIIIe siècle en bossage rustique puis reconstitution de Viollet-le-Duc dans le style de la fin du XIIIe siècle.*

4. *Enfilade des tours Castéra, des Prisons et Saint-Martin. Tout à fait au fond, couverte en tuiles plates rouges, la tour du Moulin du Midi.*

5. *L'enceinte intérieure entre la tour du Plo et la tour-porte Saint-Nazaire, vue du plateau qui borde la cité au sud. On distingue bien, au premier plan, l'enceinte extérieure avec les tours Pouleto et Cautière et la barbacane Crémade. Derrière l'enceinte intérieure, émerge la silhouette de la cathédrale Saint-Nazaire…*

L'enceinte intérieure, fronts est et sud

1. *La tour des Prisons, la tour-porte Saint-Nazaire et la tour du Moulin du Midi, vues des lices. Au fond à gauche, la tour du Grand Burlas (enceinte extérieure). Cette portion d'enceinte a été entièrement reconstruite à la fin du XIIIᵉ siècle sous Philippe le Hardi et son successeur, Philippe le Bel.*

2. *La tour-porte Saint-Nazaire. C'est la seule tour de plan carré de l'enceinte intérieure avec la tour de l'Evêque (front ouest). On remarquera les échauguettes d'angle et la porte, percée sur le côté, bien au-dessus du niveau des lices et protégée par une meurtrière.*

3. *Cette poterne, située au pied de la tour-porte Saint-Nazaire, côté lices, donne accès à un puits. Ce dernier est protégé de chaque côté par une meurtrière et accessible du premier étage grâce à un conduit aménagé dans l'épaisseur du mur.*

4. *La tour du Moulin du Midi avec son bec. Le chemin de ronde fait le tour de l'étage supérieur recouvert d'un toit en poivrière.*

5. *La tour Mipadre termine le saillant méridional de l'enceinte intérieure. Le chemin de ronde la contourne côté cité. On aperçoit au second plan, la première tour du front ouest, la tour de Cahuzac.*

L'enceinte intérieure, front ouest

Sur le front ouest, l'enceinte intérieure se rapproche de l'enceinte extérieure et domine la plaine de l'Aude. Jusqu'au château, elle est rythmée par cinq tours (tour de Cahuzac, tour carrée de l'Evêque, tour Ronde, tour Wisigothe et tour de la Justice) et comprend une porte (porte d'Aude).

1. *Située juste après la tour de Cahuzac, la tour carrée de l'évêque enjambe les lices, très étroites à cet endroit et joue le rôle d'un verrou. C'est une magnifique construction de la fin du XIIIᵉ siècle, « fièrement plantée sur les deux enceintes dont elle rompt l'uniformité » selon les termes même de Viollet-le-Duc. Elle est dotée de quatre échauguettes d'angle reposant sur des contreforts.*

2. *L'étage inférieur de la tour carrée de l'Evêque est voûté d'ogive avec assommoir percé au milieu de la voûte. Ses deux arcs, jetés sur les lices, sont défendus par un mâchicoulis intérieur.*

3. *Au même niveau, s'ouvre une meurtrière percée sous arcade et dotée de bancs.*

4. *Fenêtre géminée éclairant sur le chemin de ronde couvert précédant la tour de la Justice.*

5. *La tour de la Justice a été construite sous Saint Louis (première campagne de travaux) à l'emplacement d'une tour de l'enceinte primitive. Elle abritait la justice du roi et celle de l'inquisition.*

52

1. *La tour de la Charpentière. Sa partie haute est une reconstitution de Viollet-le-Duc. Il semblerait que les tours de ce type n'aient pas été couvertes à l'origine.*

2. *Cette poterne, située dans l'angle nord-ouest de la tour du Moulin d'Avar est formée d'énormes blocs de pierre. Il s'agirait d'une des portes latérales du castellum gallo-romain. On remarquera la largeur de la muraille dans ce secteur (trois mètres). Suivant les techniques romaines, le chœur de cette muraille était constitué par un épais blocage de sable, de cailloux et de chaux.*

L'enceinte intérieure, front nord

Cette partie de l'enceinte intérieure est la plus ancienne et remonte pour sa majeure partie à l'époque gallo-romaine (ou wisigothe suivant les thèses). Elle comprend six tours dites « wisigothes » (tour de la Charpentière, tour du Moulin d'Avar, tour de Samson, tour de la Marquière, tour du Vieulas et tour du Moulin du Connétable), en grande partie reconstituées par Viollet-le-Duc. A cet ensemble s'ajoute une grosse tour de la fin du XIIIᵉ siècle (tour du Trésau). Sauf sur la dernière portion, entourant la tour du Trésau, la muraille est en grande partie « antique » avec reprises en sous-œuvre et surélévation au XIIIᵉ siècle.

3. *Le corps plein de la tour du Vieulas s'est affaissé vers l'avant au moment de l'aplanissement des lices (1228-1239). Les ingénieurs royaux, probablement pris par le temps et peut-être aussi par soucis d'économie, se sont contentés de la doter d'une assise. La partie haute (très restaurée au XIXᵉ siècle) a été reconstruite d'aplomb.*

4. *Comme toutes les tours antiques, en forme de fer à cheval non outrepassé, la face intérieure de la tour de la Marquière est plate. La porte que l'on voit à gauche (reconstitution de Viollet-le-Duc) met la tour en communication avec le chemin de ronde.*

5. *La tour du Moulin du Connétable a été largement surélevée au XIIIᵉ siècle. Les restaurateurs du XIXᵉ siècle lui ont restitué le crénelage de cette époque. Le toit en ardoise dont elle avait été dotée au XIXᵉ siècle a été supprimé.*

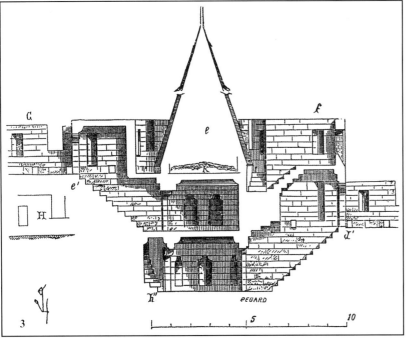

1. *L'échauguette du nord-ouest et l'un de ses mâchicoulis.*

2. *La tour de la Porte Rouge, vue perspective côté lices (dessin de Viollet-le-Duc).*

3. *Tour de la Porte Rouge, coupe longitudinale. La salle inférieure est située en dessous du niveau des lices et permet de contrôler les fossés. La salle supérieure communique avec le chemin de ronde d'un côté, la salle inférieure de l'autre. Les deux étages sont mis en communication par un escalier intérieur pris dans l'épaisseur de la tour. Grâce à cette disposition élaborée, les hommes postés dans les deux étages sont seuls en communication avec les chemins de ronde et peuvent continuer à résister même si les hourds et le crénelage supérieur ont été détruits et pris par l'assaillant (dessin de Viollet-le-Duc).*

Philippe le Hardi avait fait construire à travers la muraille pour rejeter les eaux usées de l'évêché. La **tour du Petit Canissou** commande la montée de la porte d'Aude. Entre ces deux tours prend place la tour carrée de l'Evêque, construite à cheval sur les lices. Elle sera présentée dans la partie consacrée à l'enceinte intérieure.

La montée de la porte d'Aude est abrupte et fortement défendue. L'avant-porte est constituée d'une porte surbaissée suivie d'une autre en tiers-point. Jouxtant cette dernière, une autre porte, dite porte du sénéchal, est percée dans une traverse. Elle met en communication les lices avec une cour oblongue longeant l'enceinte intérieure. Au bout de cette cour se trouve une autre porte puis un escalier qui conduit à la porte d'Aude, percée dans l'enceinte intérieure.

Les ouvrages de l'enceinte extérieure qui suivent la porte d'Aude appartiennent au système défensif du château et seront donc décrits dans la partie consacrée à ce sujet.

Juste après le château, l'angle nord-ouest de l'enceinte extérieure est commandée par une petite échauguette dite **échauguette Nord-Ouest**, crénelée et dotée de deux mâchicoulis. Entre cette échauguette et la tour suivante, la courtine a été exhaussée sur l'ancien crénelage à l'époque de Philippe le Hardi.

Les trois tours qui suivent l'échauguette nord-ouest, **tour de la Porte Rouge**, **tour de la Glacière** et **tour Moreti** ont été construites à peu près sur le même plan. Cylindriques à l'intérieur avec chemin de ronde crénelé et hourdé, elles comptent deux étages (sauf la tour de Moreti), séparés et rendus indépendants par un plancher de bois facile à enlever ou à détruire. Ces tours étaient recouvertes de combles. Ces derniers, reconstitués par Viollet-le-Duc, ont été supprimés dans les années 1960.

Après ces trois tours, la **barbacane Notre-Dame** est un ouvrage semi-circulaire défendant la porte de Rodez, percée dans l'enceinte intérieure. Il comprend un large chemin de ronde crénelé et hourdé avec en dessous une ligne de neuf meurtrières. Sur le côté droit, une poterne donne accès aux fossés. Le crénelage a été exhaussé à la fin du XIIIᵉ siècle.

La dernière portion de l'enceinte extérieure comprend deux tours. La **tour de Bénazet** est circulaire à l'intérieur, fermée avec un mur plat avec lucarne à la hauteur des lices. Elle abrite deux étages sur cave. Comme plusieurs autres, cette tour interrompt le chemin de ronde et concourt à la défense en isolant les assaillants entre deux tours. Cet ouvrage, endommagé lors du siège de 1240, a été remanié pendant la seconde campagne de travaux (1240-1245). La **tour de Bérard** flanque l'angle nord-est. Il s'agit d'un édifice rond du côté des fossés, carré sur la face des lices, comprenant deux étages avec bandeaux intérieurs continus pour recevoir des planchers mobiles, crénelage et chemin de ronde. L'escalier à angle droit qui conduit au premier étage est défendu par cinq meurtrières. La partie supérieure est ouverte sur les lices.

Les tours de la porte Narbonnaise avec leur éperon, caractéristique des constructions de la fin du XIIIᵉ siècle. Au premier plan, l'enceinte extérieure.

L'enceinte intérieure

Le tracé de l'enceinte intérieure correspond à peu près à celui de l'enceinte initiale (gallo-romaine ou wisigothe) sauf pour une petite portion située au nord-est entre la tour du Moulin du Connétable et la porte Narbonnaise. Les restes de cette enceinte primitive sont particulièrement bien conservés sur le front nord, entre la tour du Moulin d'Avar et la tour du Moulin du Connétable et sur le front est, entre la porte Nar-

bonnaise et la tour des Prisons, avec bien sûr quelques interruptions et de nombreuses restaurations. Ces parties anciennes sont dotées de tours en forme de fer à cheval non outrepassé et allongé, espacées d'environ 20 mètres. Ces tours sont pleines jusqu'au niveau du premier étage et forment une énorme masse de maçonnerie, propre à maintenir la muraille. Les courtines font 6 à 7 mètres de haut et environ 2 mètres d'épaisseur et sont surmontées de merlons sans meurtrières.

A la fin du XIIIᵉ siècle (troisième campagne de travaux, 1280-1287 au moins), cette enceinte est fortement remaniée voire complètement refaite. Sur le front Nord, la tour du Moulin du Connétable est surélevée. Une nouvelle muraille est construite en avant de l'ancien tracé, entre cette tour et celle du Trésau. Sur le front est, l'enceinte antique est reprise en élévation de la porte Narbonnaise à la tour des prisons, les tours du Sacraire Saint-Sernin, du Trauquet de Saint-Laurent et du Plo sont surélevées, la tour du Trésau, la porte Narbonnaise et la tour de Balthazar sont entièrement construites. Sur le front sud et une partie du front ouest, la ligne de fortification s'étendant de la tour des Prisons, à la courtine précédant la tour ronde de l'Evêque (ou tour de l'Inquisition) est aussi entièrement reconstruite. La tour ronde de l'Evêque est édifiée sur des fondations antiques. Tous ces travaux sont facilement reconnaissables grâce à l'emploi d'un nouvel appareil à bossage rustique et à la présence, sur certaines tours entièrement reconstruites, d'un bec en accolade. Lorsque les murs antiques ont été réutilisés (cas du front est), ils ont été démaigris et leur parement plus ou moins refaits. Les portions de courtines surélevées sont ainsi moins épaisses que les parties basses sur lesquelles elles s'appuient. Ce sont les progrès réalisés dans la taille de la pierre d'appareil qui ont permis cette économie de matériaux. De même, les tours surélevées sur un noyau antique ont perdu leur base pleine, remplacée par un poste de garde percé d'archères et séparé du premier étage par un plancher. On notera que la forme des tours antiques (fer à cheval allongé non outrepassé) a souvent été conservée pour les ouvrages entièrement reconstruits à la fin du XIIIᵉ siècle (les deux tours formant le châtelet de la porte Narbonnaise, la tour du Trésau). La forme ronde a été préférée pour les tours purement militaires. Deux tours seulement sont carrées (tour-porte Saint-Nazaire et tour de l'Evêque) car leurs rez-de-chaussée correspondent à des passages.

Dans sa configuration définitive de la fin du XIIIᵉ siècle, l'enceinte intérieure comprend vingt-cinq tours (sans compter les trois tours faisant partie du front nord du château). Elle fait 1 250 mètres de long et délimite un espace d'un peu moins de sept hectares.

L'ouvrage le plus remarquable de cette enceinte est probablement la **porte Narbonnaise**, entrée principale de la cité à l'est, la seule accessible aux charrois. Cet édifice, bâti lors de la dernière campagne de construction à la fin du XIIIᵉ siècle, comprend deux grosses tours jumelles unies par un corps de bâtiment dans lequel s'ouvre la porte. Hautes de 25 mètres, toiture non comprise, larges de 10 mètres et profondes de 15, les tours ont une forme de fer à cheval non outrepassé et, comme tous les ouvrages de leur époque, sont construites en appareillage à bossage. Elles sont renforcées, côté extérieur, par un bec qui est en fait une sorte d'éperon. Cet éperon était destiné à éloigner l'assaillant du point tangeant le plus attaquable et à le forcer à se démasquer. Il servait aussi à faire dévier le bélier et, le cas échéant, grâce à la plus forte épaisseur de maçonnerie, à faire échec aux mines. En cas de siège, le sommet des tours pouvait être garni de hourds en charpente. La structure de ces deux tours est identique. Elles comprennent un étage de caves creusées au-dessous du sol, un rez-de-chaussée voûté, percé de meurtrières et doté de quatre escaliers pour communiquer au premier étage. Le premier étage, également voûté et percé de meurtrières, est équipé de deux cheminées et de deux fours. Sur les quatre escaliers, deux seulement permettent d'accéder à l'étage supérieur, les deux autres n'aboutissent pas et peuvent ainsi tromper ceux qui ne connaissent pas les lieux. Le second étage, couvert d'un plancher portant sur le chemin de ronde, est occupé par une seule grande salle, couvrant la surface des deux tours et du bâtiment central. Cette salle est percée, du côté de la ville, de riches fenêtres ogivales à meneaux. Au Moyen Age, ces fenêtres étaient fortement grillées à l'extérieur et ne s'ouvraient que dans leur partie inférieure (la partie supérieure étant vitrée à demeure). Le troisième étage, crénelé, reçoit la charpente des combles. Cette dernière est divisée en trois pavillons : deux sur les deux tours et un, intermédiaire, au-dessus de la porte. Au point de leur rencontre, ces trois pavillons sont portés par des poutres entrant dans des entailles pratiquées dans l'assise de la corniche. Ce dispositif, qui avait été modifié à la fin du XVe siècle, a été restitué par Viollet-le-Duc.

Entre les deux tours, se glisse un passage étroit de 2,50 mètres. Cette entrée était munie d'un système de protection très élaboré. Elle était d'abord fermée par une chaîne, dont les attaches sont encore en place, destinée à empêcher les chevaux lancés d'entrer dans la ville. Un premier mâchicoulis protégeait une première herse et une première porte en bois avec barres. Un second mâchicoulis, percé dans la voûte, protégeait le passage et un troisième, la seconde herse. En temps de guerre, ce dispositif était complété par un système encore plus efficace. Juste au-dessus de la porte, prenait place un auvent en bois formant une saillie prononcée et jouant le rôle d'un mâchicoulis supplémentaire. A environ 1,30 mètre au-dessus de cet auvent, un second mâchicoulis en bois complétait le dispositif. Pour communiquer des tours à ces mâchicoulis extérieurs, les défenseurs disposaient d'une ouverture pratiquée au second étage et d'échelles ce qui permettait de les isoler au cas où les assaillants y auraient pris place. Ces deux ouvrages en bois étaient protégés de mantelets percés de meurtrières et surmontés, comme cela a été vu plus haut, des hourds placés au sommet des tours. Ainsi, pour pouvoir s'approcher de la première herse, l'assaillant devait affronter une pluie de traits et de projectiles jetés de trois mâchicoulis successifs.

On notera enfin que les deux tours n'interrompent pas le chemin de ronde de la courtine car ce dernier passe au-dessus de la porte, du côté de la ville. Mais il n'est en communicâtion avec la ville que par les escaliers intérieurs des tours et par une seule baie fer-

mée autrefois par d'épais vantaux ferrés. L'escalier extérieur que l'on peut voir de nos jours, lorsqu'on sort de la ville, est moderne et a été élevé par le génie militaire…

Située juste après la porte Narbonnaise lorsqu'on remonte les lices en direction du sud, la **tour du Sacraire Saint-Sernin** est d'origine « antique ». Comme la plupart des tours de l'enceinte primitive, elle a été reprise lors de l'aplanissement des lices et on y distingue une superposition de maçonneries. Cette tour, qui formait l'abside de l'église paroissiale Saint-Sernin, démolie en 1793, a été percée en 1441 d'une belle fenêtre gothique au remplage flamboyant, remplaçant la baie primitive.

Les trois tours qui suivent, **tour du Trauquet**, **tour Saint-Laurent** et **tour Davejean,** ont une base « antique » et ont été surélevées à la fin du XIIIᵉ siècle avec un appareillage à bossage caractéristique. Ceci explique leur diamètre assez faible par rapport aux autres ouvrages de la dernière campagne de construction. Ces tours ne sont pas voûtées et comprennent deux étages séparés par des planchers de bois établis sur le massif plein de la maçonnerie d'origine. Les escaliers à vis qui permettent d'accéder aux étages font saillie à l'intérieur des salles et sont pris à leurs dépends. La partie cylindrique de ces tours (côté extérieur) est très épaisse alors que le simple pignon qui les ferme du côté de la ville est de faible épaisseur afin d'obtenir l'espace vide le plus grand possible à l'intérieur. Toutes ces tours, couvertes de combles coniques, interrompent la circulation sur le chemin de ronde. Il faut donc les traverser pour communiquer d'une courtine à l'autre.

On remarque, entre la tour du Trauquet et la tour Saint-Laurent, une construction saillante (appelée parfois ouvrage du Trauquet) qui abritait un escalier de bois et qui communiquait à de vastes souterrains aboutissant à côté de la tour de la Peyre (enceinte extérieure).

Située juste à la hauteur de la tour de la Vade (enceinte extérieure), la **tour de Balthazar** a été entièrement construite à l'époque de Philippe le Hardi (fin du XIIIᵉ siècle). Comme les tours de la porte Narbonnaise, elle présente à l'extérieur un bec saillant. Ses murs sont très épais et sa hauteur importante de manière à pouvoir dominer la tour de la Vade. Juste après cette tour, dans l'angle droite de la courtine, une poterne, située en hauteur, facilitait la communication avec la tour de la Vade.

La tour Balthazar est suivie de trois nouvelles tours, **tour du Plo**, **tour Castéra** et **tour des Prisons**, construites, comme les tours du Trauquet, Saint-Laurent et Davejean, sur les fondations des tours primitives et surélevées à la fin du XIIIᵉ siècle. Comme certaines tours du front nord, la tour Castéra est légèrement penchée. Les murs des salles de la tour des Prisons sont gravés de nombreux graffitis qui rappellent l'usage ancien de ce bâtiment. Les courtines qui séparent la tour du Plo de la tour des Prisons, présentent de nouveau cette superposition de maçonneries caractéristiques : la base, refaite au moment de l'aplanissement des lices afin d'éviter l'affaissement des tours, est du XIIIᵉ siècle, juste au-dessus apparaît la construction d'origine, (gallo-

3. *Cette poterne située en hauteur, juste après la tour de Balthazar, est protégée par une meurtrière. Elle facilitait la communication avec la tour de la Vade.*

4. *La tour du Plo. Comme les deux tours qui la suivent (tour Castéra et tour des Prisons), cette tour de la fin du XIIIᵉ siècle, a été édifiée sur les fondations antiques.*

romaine ou « wisigothe ») avec son petit appareillage de pierres et de briques puis les ajouts du XIIIᵉ siècle.

On remarque dans la courtine qui relie la tour des Prisons à la tour Saint-Martin, les traces d'une poterne, murée et transformée en meurtrière au XIIIᵉ siècle.

Comme la tour de Balthazar, la **tour Saint-Martin** a été entièrement édifiée sous Philippe le Hardi. Elle est ronde, renforcée d'un bec saillant et comprend deux étages voûtés et deux étages sous plancher. Son troisième étage est doté d'une cheminée. Conçue comme un donjon indépendant, elle est contournée, du côté de la ville, par le chemin de ronde. Sa posi-

La tour Castéra et la tour des Prisons vues des lices. Les courtines sont percées de nombreuses meurtrières (fin XIIIᵉ siècle).

tion très proche de la tour-porte Saint-Nazaire, s'explique probablement par la volonté de masquer et de battre la poterne de cette dernière.

Bâtie sur un plan carré avec échauguettes d'angle, la **tour-porte Saint-Nazaire** date de la fin du XIII' siècle. La porte percée à sa base est ouverte de côté et masquée par la saillie de l'échauguette d'angle. Le seuil de cette ouverture est établi à plus de deux mètres au-dessus du sol des lices ce qui nécessitait la pose

d'échelles ou d'un plan incliné en bois pour entrer ou sortir et interdisait bien sûr l'entrée des gens à cheval. Dans la tour elle-même, l'entrée est coudée à angle droit. Chacune des deux baies étaient munies d'une herse, de mâchicoulis et de vantaux. La première herse était manœuvrée de la salle du premier étage. Cette dernière, de plan carré, accessible par un escalier à vis, servait de corps de garde. La seconde herse était actionnée du chemin de ronde. La salle du second étage est recouverte d'une voûte en berceau brisé, très aigu et dont les retombées se font au niveau même du sol. Le crénelage supérieur s'élève sur une plate-forme propre à recevoir un engin de défense (mangonneau) et possède une guette car ce point est l'un des plus élevés de la cité. En bas de la tour, dans un étroit couloir, les embrasures de deux meurtrières encadrent, sur les lices, l'ouverture d'un puits ménagé dans la maçonnerie et que fermait un vantail. La présence de ce puits, où l'on pouvait puiser du premier étage, d'un four et d'une cheminée, assuraient à cette tour une certaine autonomie permettant à ses défenseurs de prolonger la résistance.

Les deux tours qui suivent la tour-porte Saint-Nazaire et achèvent le front sud de l'enceinte intérieure datent aussi de la fin du XIIIᵉ siècle. La première, appelée **tour du Moulin du Midi**, est une tour à bec dotée de cinq salles superposées desservies par un escalier à vis. Le chemin de ronde fait le tour de l'étage supérieur, en retrait. Le tout est recouvert d'un comble en poivrière. Comme sur les tours Narbonnaise et la tour du Trésau, les ardoises qui recouvraient ce comble, ont été remplacées au début des années 1960 par des tuiles plates rouges. Cette tour doit son nom au mécanisme d'un moulin à vent qui était autrefois placé à son étage supérieur mais dont les vestiges ont disparu. Ce moulin servait à alimenter les fours des tours voisines assurant ainsi leur autonomie. Bâtie sur l'angle terminant le saillant méridional, la **tour Mipadre**, également munie d'un bec, comprend deux étages voûtés et deux étages entre planchers auxquels on accède par un escalier à vis. Elle est munie d'une cheminée et d'un four permettant aux occupants de subsister en cas de blocus. La seule porte d'entrée de cette tour, qui n'interrompt pas le chemin de ronde, se trouve du côté de l'est. Elle était fermée par des verrous et une barre rentrant dans la muraille. Comme sur les autres tours de cette partie de l'enceinte, le dernier merlon des courtines s'élève au point de jonction avec la tour, là où sont percées les portes. Le dernier créneau était muni de volets sur rouleau afin de protéger les entrants, les sortants ou les factionnaires postés aux entrées de la tour.

Première tour du front ouest, la **tour de Cahuzac** a été élevée comme les précédentes à la fin du XIIIᵉ siècle. De plan circulaire, elle tient sous son tir la tour du Grand Canissou (enceinte extérieure). Le chemin de ronde qui lui tourne autour est couvert d'un portique.

Après la tour de Cahuzac, les lices se rétrécissent et ne forment plus qu'un étroit passage où prend place la **tour carrée de l'Evêque.** Edifiée à la fin du XIIIᵉ siècle, cette tour est construite à cheval sur les lices. C'est une grosse tour-donjon de plan carré, à deux étages, avec combles. Elle est munie aux angles d'échauguettes reposant sur des contreforts qui renforcent chaque arête. Jouant le rôle d'un verrou, elle commande les deux enceintes et pouvait couper la communication entre les parties sud et nord des lices. Ses deux arcs, jetés sur le passage entre les deux enceintes, sont défendus par deux mâchicoulis intérieurs et par un mâchicoulis percé au milieu de la voûte. L'absence de traces de gonds et la présence d'entailles prouvent que ce passage n'était pas fermé par une porte mais plutôt par des barrières de bois

Ci-dessus : **située juste après la tour de la tour-porte Saint-Nazaire, la tour du Moulin du Midi est dotée d'un éperon. On remarquera l'appareil à bossage, caractéristique des constructions de la fin du XIIIᵉ siècle.**

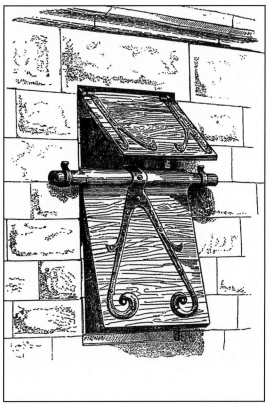

Ci-dessus : **volets à rouleau, d'après Viollet-le-Duc : la partie supérieure pivote sur deux gonds fixes, la partie inférieure (facilement démontable) se manœuvre sur un axe de bois posé sur deux crochets de fer. Ces volets, qui garnissaient aussi les créneaux, permettaient de voir le pied de la muraille sans se découvrir et garantissaient les postes contre le vent et la pluie.**

Ci-dessous : **restes d'un volet à rouleau (reconstitution de Viollet-le-Duc) sur une des ouvertures du dernier étage de la tour Mipadre.**

les lices et le chemin de ronde extérieur. Cette partie de l'enceinte a pu être datée avec certitude du règne de Philippe le Hardi grâce à un acte d'août 1280. Dans cet acte, le roi autorise l'évêque de Carcassonne, Jean Gautier, à pratiquer quatre fenêtres grillées dans la courtine adossée à l'évêché (toujours visibles entre la tour de Cahuzac, la tour carrée de l'Evêque et la tour Ronde), après avoir pris l'avis du sénéchal et à la condition expresse que ces fenêtres soient murées en temps de guerre. Toujours selon cet acte, le roi s'autorise à faire à ses dépends les égouts pour l'écoulement des eaux de l'évêché à travers la muraille (cf. plus haut tour du Grand Canissou) et l'évêque reçoit la jouissance des étages de la tour (carrée) dite de l'Evêque. L'étude de la courtine montre que les quatre fenêtres mentionnées dans cet acte n'ont pas été ouvertes après coup mais qu'elles ont été bâties avec la muraille ce qui permet de dater les courtines et les tours de ce secteur de 1280…

La tour Ronde est suivie très rapidement par la **tour Wisigothe**, reste de l'enceinte primitive. Comme toutes les tours de cette époque (cf. plus loin), la tour Wisigothe est construite sur un plan en fer à cheval

La tour carrée de l'Evêque (fin XIIIᵉ), vue des lices. Cette tour, à cheval sur les lices, joue un rôle de verrou. Ses combles ont été recouverts dans les années 1960 de tuiles plates, ceux de la tour d'escalier, d'un toit en bardeaux de bois.

installées en temps de guerre. De même qu'elle coupe la communication sur les lices, cette tour interrompt le chemin de ronde supérieur des courtines grâce à deux portes. Les escaliers intérieurs sont disposés de façon à ce que l'accès aux créneaux soit indépendant de l'accès aux deux salles voûtées dont la jouissance appartenait à l'évêque.

La tour suivante, appelée **tour ronde de l'Evêque** ou tour de l'Inquisition, a été construite avec grand soin à la fin du XIIIᵉ siècle sous Philippe le Hardi à l'emplacement d'une tour antique. On a retrouvé dans cette tour un cachot avec un pilier central ainsi que des graffitis sur les murs. C'est à tort que cet édifice est parfois appelé « tour de l'Inquisition » car cette dernière siégeait en fait dans la tour de la Justice, située juste avant le château. La tour Ronde servait en fait de prison épiscopale.

Les courtines qui s'étendent entre la tour de Cahuzac et la tour Ronde sont dotées de belles meurtrières percées sous des arcades avec bancs. Elles battent

Les échauguettes d'angle de la tour carrée de l'Evêque reposent sur des contreforts qui renforcent chaque arête. Les merlons datent des restaurations du XIXᵉ siècle.

non outrepassé. Sa base est une maçonnerie pleine et ses deux étages sont séparés par un plancher. La partie haute a été reconstituée par Viollet-le-Duc tout comme la courtine qui la borde au sud.

Entre la tour Wisigothe et la tour suivante, tour de la Justice, la muraille, remontant à l'époque wisigothe, a été percée au XIIᵉ siècle d'une porte, la **porte d'Aude** (autrefois porte de Toulouse). Cette dernière a été dotée par Viollet-le-Duc, d'une bretèche. Après la porte d'Aude, le chemin de ronde, couvert sur une certaine longueur, est éclairé par trois belles fenêtres géminées du XIIᵉ siècle. Ces fenêtres appartiennent peut-être au mur extérieur d'un bâtiment de cette époque détruit par la suite.

Construite au début du règne de Saint Louis (première campagne de constructions, 1228-1239) à la place d'une tour « antique », la **tour de la Justice** est ronde. Elle comprend au premier étage une salle d'apparat, voûtée d'ogive, où siégeait le tribunal du Sénéchal. C'est également dans cette tour que le tribunal de l'Inquisition se réunissait.

Les trois tours qui suivent la tour de la Justice (**tour Pinte**, **tour de la Poudre** et **tour de la Chapelle**) et les remparts et bâtiments qui les joignent font partie des défenses du château côté nord et seront donc étudiées plus loin.

Après la tour de la Chapelle, qui marque l'angle nord-est du château, la courtine, se poursuit en s'orientant légèrement vers l'est. Cette partie de l'enceinte intérieure, rythmée par six tours, est la plus ancienne et remonte, pour sa majeure partie, à l'époque gallo-romaine (ou « wisigothe » suivant les thèses).

Comme toutes les tours de cette époque, la **tour de la Charpentière** a une forme de fer à cheval non outrepassé. Elle est construite en petit appareillage avec assises alternées de briques. Sa base, pleine, est soutenue par des substructures du XIIIᵉ siècle, mises en place lors de l'aplanissement des lices. Très restaurée par Viollet-le-Duc (seul le corps plein du centre est ancien), cette tour doit son nom aux ateliers et dépôts de bois destinés aux défenses dont elle dépendait. Comme toutes les tours « antiques » du front nord, la tour de la Charpentière est surmontée d'un toit à faible pente couvert en tuile canal. Ce toit a succédé dans les années 1960 à un toit plus pentu, recouvert d'ardoises mis en place par Viollet-le-Duc.

La courtine qui sépare la tour de la Charpentière de la tour suivante, la tour du moulin d'Avar, présente plusieurs détails intéressants. On y distingue nettement, à des hauteurs variables suivant la configuration du terrain, la ligne de fondations antiques reposant sur les substructures de l'époque de Saint Louis. Vers son milieu, apparaissent les traces de l'emplacement d'une tour probablement démolie à la suite du siège de 1240 et jamais reconstruite.

La **tour du moulin d'Avar**, construite sur le même modèle que la tour Charpentière, a été revue au XIIIᵉ siècle et restituée par Viollet-le-Duc dans le style Wisigoth. Elle doit son nom au moulin qui la surmontait au XIXᵉ siècle. On remarque dans l'angle nord-ouest de cette tour une poterne formée de gros blocs de pierre, probablement une des portes latérales du *castellum* gallo-romain.

La tour de la Justice vue du chemin de ronde.

La **tour de Samson** repose sur une base cubique réparée au Moyen Age. Elle a été presque entièrement reconstituée dans le style Wisigoth par Viollet-le-Duc. Peu après cette tour, la courtine est percée d'une porte. Cette porte, remontant au XIIᵉ siècle et réparée au XIIIᵉ siècle, est citée dans la lettre du sénéchal Guillaume des Ormes, relatant le siège de 1240, sous le nom de **porte de Rodez**. Elle permettait la communication avec le bourg Saint-Vincent, situé aux pieds de la cité.

Comme la tour du Vieulas qui suit, la **tour de la Marquière** est légèrement inclinée suite à l'affaissement produit lors de l'aplanissement des lices. Elle comprend deux étages. Les fenêtres de l'étage inférieur sont « antiques » et les fenêtres latérales ont été bouchées au XIIIᵉ siècle et transformées en archères. Cette tour, qui commande la barbacane Notre-Dame sur l'enceinte extérieure, coupe le chemin de ronde et oblige ceux qui le suivent à descendre d'un étage par une échelle.

La **tour du Vieulas** repose sur des fondations antiques, protégées et soutenues par les travaux de l'époque de Saint-Louis. Ces derniers, réalisés lors de l'aplanissement des lices, ont provoqué l'écroulement de la tour vers l'avant. Au XIIIe siècle, la partie supérieure (très restaurée par Viollet-le-Duc) a été réédifiée d'aplomb ce qui donne à cette tour cet aspect de guingois pour le moins curieux.

Dernière tour « antique » de cette partie de l'enceinte intérieure, la **tour du Moulin du Connétable** doit son nom au moulin qui la surmontait. Elle a été surélevée au XIIIe siècle. Dans sa partie haute, le crénelage a été rétabli par Viollet-le-Duc dans le style de cette époque. Comme dans les tours de la chemise du château (cf. plus loin), le premier étage de la tour du Moulin du Connétable est supporté par une voûte en calotte hémisphérique.

A partir de la tour du Moulin du Connétable, les murailles (construites à la fin XIIIe siècle) s'éloignent du tracé de l'enceinte primitive. Avant de rejoindre la porte Narbonnaise, elles forment une sorte de bec dirigé vers l'enceinte extérieure et dont l'extrémité est occupée par la tour du Trésau. Ces courtines sont particulièrement bien construites. Elles sont percées dans leur partie inférieure de nombreuses meurtrières sous des arcs en plein cintre avec bancs de pierre. Elles sont surmontées de merlons larges et épais.

Magnifique construction, contemporaine de la porte Narbonnaise (fin du XIIIe siècle), la **tour du Trésau** joue un rôle important. Très élevée, elle domine toute la campagne ainsi que la ville. Sa position très proche de l'enceinte extérieure (tour de Bérard) lui permettait de commander le plateau et la barbacane de la porte Narbonnaise et empêchait l'ennemi de s'étendre dans les lices du côté nord. Cette tour doit son nom au fait qu'elle servait de local pour les services de la Trésorerie royale. Des traces de scellement de barreaux sur plusieurs fenêtres prouvent qu'elle fut aussi utilisée comme prison. Construite en forme de fer à cheval, la tour du Trésau comprend, outre des caves, quatre étages : deux étages voûtés (les deux premiers), un étage sous plancher et un étage sous comble. L'étage inférieur est creusé en dessous du terre-plein de la ville tandis que le premier étage est pratiquement de plain-pied avec le sol intérieur de la ville. Ces quatre étages sont desservis par un escalier à vis unique dont les issues étaient garnies de portes fortement ferrées. Le second étage est doté d'une cheminée, de latrines et d'une petite chambre ou réduit, éclairé par une fenêtre, destiné au capitaine. Comme au premier étage, cet étage est percé de nombreuses meurtrières s'ouvrant sous de grandes arcades munies de bancs de pierre. Du côté de la ville, la partie supérieure de la tour est terminée par un pignon crénelé avec escaliers rampants le long du comble. Deux tou-

Ci-dessus : **partie arrière de la tour de Vieulas. La porte qui assure la communication avec le chemin de ronde date du XIIIᵉ siècle.**

Ci-contre : **détail de la partie inférieure de la tour du Moulin du Connétable. Cette tour repose sur une base cubique réparée au XIIIᵉ siècle au moment de l'aplanissement des lices. On distingue bien au-dessus, l'appareillage caractéristique des tours antiques (petit appareillage alternant avec cordons de briques).**

Ci-dessous : **reprise en sous-œuvre du front nord et nivellement du sol des lices.** *(D'après P. Embry.)*

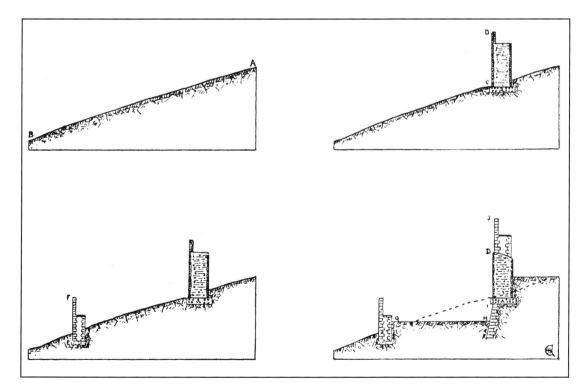

Reprise et sous-œuvre du front Wisigoth et nivellement du sol des lices. Schéma de Pierre Embry.

AB : Assiettte primitive du sol.

CD : Courtine wisigothe.

EF : Enceinte extérieure. GH. Niveau des lices aplanies.

HI : Rempiètement.

DJ : Réfection du couronnement. La fondation wisigothe désormais visible dans le parement et des tours, et qu'ils se contentèrent de soutenir par des substructures.

relles carrées, munies d'escaliers et crénelées dans leur partie supérieure, épaulent ce pignon et servent de tours de guet. Le chemin de ronde des courtines passe derrière le pignon et n'a aucune communication avec l'intérieur de la tour. En temps de paix, le crénelage de la tour n'était pas couvert (le comble porte sur des murs intérieurs) mais il pouvait être doté de hourds.

Ci-dessus **: la tour du Moulin du connétable et les tours du Vieulas et de la Marquière. La première de ces tours a été surélevée au XIIIᵉ siècle et restituée dans cet état par Viollet-le-Duc. La courtine au premier plan est de la fin du XIIIᵉ siècle. Elle a été construite en avant de l'enceinte primitive au même moment que la tour du Tréseau qu'elle précède.**

Ci-dessous **:L'échauguette flanquante située entre la tour du Tréseau et la porte Narbonnaise était destinée à battre l'intervalle situé entre la barbacane Saint-Louis et cette porte.**

La tour du Trésau : coupe transversale en regardant le pignon (dessin de Viollet-le-Duc).

E CUILLAUMOT.

Le château « comtal »
et
la cathédrale Saint-Nazaire

Le châtelet du château « comtal » vu des fossés.

Le château « comtal »

En plus des deux lignes d'enceinte, la cité de Carcassonne est dotée d'un troisième périmètre défensif : le château dit « comtal ». Véritable citadelle adossée sur le mur d'enceinte du front ouest, ce château est conçu, à la fin du XIIIe siècle, comme un ultime refuge. Il joue aussi un rôle de surveillance sur la cité et sert de demeure de prestige et de siège à l'administration royale.

Le château « comtal » est un édifice complexe, plusieurs fois remanié et dont la datation a donné lieu à de nombreux débats. Selon les thèses les plus récentes, les principales étapes de la construction de ce château seraient les suivantes :

- Aux alentours de 1120-1125, et probablement à la suite de la révolte de la ville (cf. chapitre 1), le vicomte Bernard-Aton IV déplace le siège de son gouvernement, installé jusqu'ici à l'est de la cité (château narbonnais (1)) et l'établit à l'ouest, contre l'enceinte, dans un secteur mieux protégé par le relief. Il détruit les maisons construites sur ce nouvel emplacement (2) sauf un petit bâtiment carolingien adossé à l'enceinte et conserve les trois tours antiques qui rythment cette portion d'enceinte : la tour Pinte (déjà surélevée jusqu'à environ 20 mètres), les tours de la Poudre et de la Chapelle. A la même époque, il élève un petit donjon carré ou « tour résidence » près du bâtiment carolingien et aligné sur lui. Peu après, côté sud, il accole à ce « petit donjon » un « grand donjon », également de plan carré, qui assure la jonction avec la tour Pinte. Cette dernière est remontée d'une dizaine de mètres. Les autres bâtiments, élevés d'un seul étage, sont recouverts d'un toit de lauzes, bordé d'un parapet crénelé.

- Avant 1161, une chapelle est édifiée au nord, perpendiculairement à l'enceinte, au bout du bâtiment carolingien. Cette chapelle, placée sous le vocable de Sainte-Marie, a son abside dans la tour dite de la Chapelle.

- Avant 1163, est construit un grand bâtiment orienté est-ouest, perpendiculaire à l'enceinte. Ce bâtiment est crénelé au moins sur sa face sud et abrite la « Magna Sala » où le vicomte convoque ses vassaux. Il s'accole à l'ouest, contre la façade du « grand donjon », par un corps de bâtiment voûté en berceau (3).

A cette époque, le palais « vicomtal » a donc la forme d'un U, ouvert, encadrant une cour sur trois côtés. A l'ouest prend place le bâtiment carolingien et le petit donjon, au sud, le grand bâtiment, au nord la chapelle, le grand donjon formant l'angle nord-ouest. Il est très probable que cette cour ait été fermée du côté de la ville (est) par un mur de clôture (4).

- Entre 1228 et 1239, ce palais, est transformé en une véritable citadelle par les ingénieurs royaux. Il est isolé du reste de la cité par un fossé et une muraille ponctuée de quatre tours et dotée d'un châtelet (chemise), délimitant un vaste espace rectangulaire. Ces travaux très importants, menés en même temps que ceux de l'enceinte extérieure, sont entrepris pour mettre l'administration royale à l'abri d'un retour offensif des seigneurs méridionaux vaincus.

- Après 1240, une barbacane semi-circulaire est édifiée à la hauteur du châtelet, en avant des fossés (côté cité).

- Au milieu du XIIIe siècle, les deux « donjons » du palais vicomtal sont surélevés. Le corps de logis en retour d'équerre est également surélevé et un nouveau bâtiment, comprenant une grande salle d'apparat, est construit contre la courtine sud.

- Au XVIe siècle, le bâtiment perpendiculaire à l'enceinte est de nouveau modifié. Les baies du second étage sont refaites, une fenêtre à croisillon est ouverte sur le mur sud, la partie orientale est dotée d'une nouvelle cheminée. Ce logis est prolongé vers l'est jusqu'à la tour sud du châtelet (la façade nord de cette extension a été reconstruite en colombages en 1959).

- Au XVIIIe siècle, d'autres bâtiments sont ajoutés (ils seront détruits lors des restaurations).

Un doute subsiste dans cette chronologie à propos de la construction de la chemise. Selon une thèse déjà formulée plusieurs fois dès le XIXe siècle et reprise récemment (1994) par J. Dovetto, avec des arguments assez convaincants (5), l'enceinte daterait plutôt de la fin du XIIe siècle. Les courtines et les tours auraient été exhaussées et modifiées (talutage des tours, percement des meurtrières) au XIIIe siècle.

L'entrée principale du château s'effectue de la cité (front est). Le premier ouvrage qui se présente, en avant des fossés, est une barbacane semi-circulaire, crénelée, dotée d'un chemin de ronde et dans laquelle est percée une petite tour-porte. Cette tour-porte est défendue par des meurtrières et des créneaux (autrefois garnis de doubles volets), un mâchicoulis et des vantaux de bois. Du côté château, l'étage supérieur de la porte est ouvert afin d'empêcher les assaillants qui s'en seraient rendus maîtres de se défendre contre la garnison du château. Cet ouvrage, édifié après 1240, a été en grande partie reconstitué. Seul le corps d'accès central est ancien.

Un pont en pierre, interrompu autrefois par des planchers de bois amovibles et un système de pont basculant, enjambe les larges fossés qui entourent la citadelle sur trois faces (sud, est et nord). L'enceinte, édifiée entre 1228 et 1240 (ou à la fin du XIIe siècle), est d'une très grande simplicité. Elle comprend six tours, la **tour de Saint-Paul**, les deux tours formant le **châtelet**, la **tour des Casernes** et la **tour du Major** sur le front est, la **tour du Degré** sur le front nord.

Coupe des tours d'entrée du château. La première herse est commandée du premier étage, la seconde de l'étage supérieur (dessin de Viollet-le-Duc).

(1) Ce château ou plus exactement palais, lieu de résidence des comtes, comprenait un ensemble de bâtiments accolés aux tours de la porte Narbonnaise actuelle. Probablement hérité de l'époque romaine, cet ensemble est cité dans deux documents de 1083 et 1112. Il n'en reste plus aucun vestige.

(2) Elles-mêmes édifiées sur l'emplacement d'un habitat romain comme en témoigne la découverte d'une très belle mosaïque.

(3) Ce passage voûté permet aujourd'hui d'accéder à la Cour du Midi.

(4) Un texte de 1165 mentionne cette cour et précise qu'elle est ombragée d'un orme…

(5) Ces arguments sont les suivants :

- Pas de différences notables entre l'appareil de la chemise et celui du palais terminé au milieu du XIIe siècle

- Les voûtements en calotte hémisphérique des rez-de-chaussée et premiers étages de tours, qui correspondent aux constructions du XIIe siècle.

- Les traces bien visibles de la surélévation des tours ;

- Les traces de l'adjonction d'un escalier à vis aux tours d'angle ;

- Les traces d'agrandissement des meurtrières ;

- Les traces d'aménagement d'une herse et d'un mâchicoulis dans la porte d'entrée ;

- Le réemploi de colonnettes et chapiteaux des baies creusées dans le mur intérieur de la porte et de la tour des Casernes.

La tour du Major, à l'angle nord-est du château.

Courtine séparant le châtelet de la tour des Casernes. Elle est percée de meurtrières alternativement longues et courtes.

Toutes construites sur le même plan, ces tours sont rondes et font 7 à 9 mètres de diamètre (les plus grosses, placées aux angles, sont dotées d'un escalier à vis). Très saillantes, elles reposent sur une solide base talutée et comprennent quatre salles s'étageant au-dessus de l'escarpe. Les deux niveaux inférieurs sont voûtés en calotte hémisphérique, les deux étages supérieurs couverts d'un plancher. Ces différentes salles sont percées de meurtrières disposées en quinconce d'un étage à l'autre afin de multiplier les directions de tir et ne pas affaiblir la construction. Ces meurtrières sont évasées en étrier vers le bas, permettant un tir rasant et plongeant. Sur les courtines, les meurtrières, du même type, sont alternativement longues et courtes, peut-être pour permettre l'usage de l'arc et de l'arbalète.

La porte, ouverte entre deux tours jumelées, est surmontée d'un étage avec corps de garde, herse et assommoir. Selon certains auteurs, cette disposition est typique des châteaux construits dans le domaine royal à partir de 1200-1210 (Angers, Boulogne-sur-Mer, Coucy), ce qui infirme la thèse d'une construction du XIIe siècle.

En temps de guerre, tous les couronnements des murailles et des tours étaient défendus par des hourds très saillants. Les poutres qui supportaient ces hourds étaient doubles et placées dans des trous (toujours visibles), percées à 0,60 m environ l'un au-dessus de l'autre. Une partie des hourds a été reconstituée, d'après les dessins de Viollet-le-Duc, sur la tour des Casernes et sur les courtines qui l'encadrent.

Après avoir franchi la porte du château, on entre dans une vaste cour bordée au sud par un grand bâtiment dont la partie inférieure remonte au XIIe siècle, la partie supérieure du XIIIe siècle avec remaniements au XVIe siècle et reconstitution, en 1959, d'une portion de façade en colombage (cf. plus haut). Ce bâtiment, dont le rez-de-chaussée comprenait des cuisines voûtées en berceau tiers-point, sépare la grande cour d'une seconde cour donnant sur le côté sud, fermée par la courtine du XIIIe siècle. A cette courtine, était accolée une construction (seconde moitié du XIIIe siècle) aujourd'hui disparue. On distingue, au sol, des bases de piliers et, sur la courtine, les corbeaux de pierre qui supportaient les poutres de la salle du premier étage, une cheminée et une large fenêtre carrée à meneaux (XVe siècle) qui éclairait la salle du côté sud, vers Saint-Nazaire. Cette immense salle d'audience était peut-être destinée à recevoir les états de la sénéchaussée.

Le front ouest de la citadelle est d'abord occupé par la **tour Pinte**, reconstruite au début du XIIe siècle sur une base antique de plan rectangulaire, surélevée et intégrée au château au XIIe siècle (peu après 1125). Cette guette, qui domine toute la cité et la région avoisinante, n'est divisée dans sa hauteur par aucune voûte ni plancher. Elle contenait différents paliers et un escalier en bois permettant d'accéder à une plate-forme. Une seule petite fenêtre romane est percée à la moitié de sa hauteur et s'ouvre sur la campagne, côté Aude. On voit encore sur cette tour, parvenue jusqu'à nous pratiquement intacte, le crénelage supérieur ainsi que les trous de hourds. Ces derniers, assez rapprochés permettaient d'établir une galerie extérieure très saillante, capable de résister aux vents violents qui soufflent dans la région.

Le « grand donjon » (XIIe siècle), qui suit la tour Pinte, a été doté au début du XXe siècle, côté Aude, d'un grand pignon à redans, créé arbitrairement sur le modèle offert par la tour du Trésau. Contrairement au « grand donjon » caché par le grand bâtiment en retour d'équerre décrit plus haut, le « petit donjon » (la seconde tour résidence du XIIe siècle), aussi surélevé au XIIIe siècle, présente une façade sur cour et une façade côté Aude. On distingue bien sur la façade côté cour, la trace du crénelage primitif surmontant une fenêtre géminée. On peut toujours admirer à l'intérieur de ce donjon, une salle voûtée décorée de peintures murales, assez altérées, représentant un combat opposant des chrétiens et des musulmans, datée du début du XIIIe siècle.

La courtine qui suit ce « petit donjon » et contre laquelle sont adossés des bâtiments postérieurs à l'époque médiévale mais intégrant les restes d'un édifice carolingien, est dotée de deux tours. La **tour de la Poudre** a été édifiée au début du XIIᵉ siècle sur une base antique. Elle a été rehaussée et intégrée au château peu après 1125 puis reprise au XIIIᵉ siècle. La courtine qui sépare cette tour de la tour suivante (tour de la Chapelle) paraît avoir été rebâtie au XVIᵉ siècle sur l'emplacement de la muraille primitive. La **tour de la Chapelle,** qui marque l'angle nord-est de la citadelle, abritait l'abside de la chapelle du palais créé par les Trencavel. Elle a été reconstruite aux deux tiers par Viollet-le-Duc, dans le style antique revu au XIIIᵉ siècle.

Toujours du côté ouest, et peu avant la tour de la Poudre, la courtine est percée d'une poterne qui constitue la seconde entrée du château. Cette poterne est dotée d'un système de défense compliqué et très élaboré, décrit en détail (avec quelques points obscurs cependant) par Viollet-le-Duc. Ce système commence au pied de l'escarpement, à peu près à l'emplacement de l'église Saint-Gimier actuelle, par une importante barbacane circulaire. Cet ouvrage, percé de deux rangs de meurtrières et couronné d'un chemin de ronde crénelé avec hourds, a été construit au début du XIIIᵉ siècle (première campagne de tra-

vaux), et malheureusement détruit en 1816 pour bâtir une usine le long de l'Aude. Il permettait de ne pas perdre complètement le contrôle des rives de l'Aude et rendait possible une sortie vers le fleuve. Cette barbacane était percée d'une porte située dans l'angle rentrant, côté nord, sur le flanc de la grande caponnière montant à la cité. Cette caponnière (6), fortifiée des deux côtés et dont il subsiste d'importants restes (le crénelage a été reconstitué), est assez étroite à sa base, près de la barbacane puis s'élargit. Elle forme peu après un coude et se dirige perpendiculairement au front du château de manière à tomber, le cas échéant, sous le tir des assiégés postés sur les chemins de ronde de la double enceinte. Ayant atteint le pied de l'enceinte extérieure après une série de chicanes, elle la longe du nord au sud pour atteindre une première porte précédée d'un mur de garde. Une fois cette porte franchie, on longe un deuxième mur de garde, puis on passe par une barrière avant de se détourner brusquement vers la gauche devant une nouvelle porte. On se trouve alors devant un ouvrage bien défendu consistant en un long couloir surmonté de deux étages (hypothèse non vérifiée) communiquant avec les chemins de ronde supérieurs du château, sous lequel il faut passer. A l'extrémité de ce couloir, une autre porte est percée dans une traverse. Cette porte est couronnée par les mâchicoulis de l'étage supérieur du couloir. Une fois cette porte franchie, on donne sur la poterne ouverte dans le mur du château. Mais cette dernière est à son tour protégée par un puissant système de défense : des meurtrières, deux mâchicoulis placés l'un au-dessus de l'autre, un pont avec plancher mobile, une herse et des vantaux. Une fois la poterne franchie, il faut grimper une série de marches entrecoupées de plusieurs portes pour atteindre la cour du château, située sept mètres plus haut !

Le front ouest du château est doté d'autres éléments de défense destinés à arrêter des attaquants provenant des lices et se dirigeant vers la poterne. Pour les assaillants venant du sud (côté de la porte d'Aude): un poste et une porte avec ouvrages de bois et double mâchicoulis, une garde avec porte munie de mâchicoulis et une troisième porte, étroite et basse, percée dans la traverse de l'échauguette. Pour les assaillants venant du nord : une grosse traverse, barrant à l'angle

1. La pose des hourds et leur utilisation selon Viollet-le-Duc.

2. Détail d'une meurtrière en étrier, typique du XIIIᵉ siècle.

3. La partie haute de la tour du Major avec les trous rapprochés destinés à recevoir les hourds.

(6) Communication reliant le corps de la place à un ouvrage extérieur (barbacane).

La salle haute du petit donjon, voûtée, est ornée d'une peinture très effacée, dont on voit ici un fragment, représentant un combat opposant des chevaliers chrétiens à des sarrasins. Ces peintures ont été mises à jour sous le badigeon de chaux en 1926. On les date du début du XIIIe siècle.

droit les lices de la courtine du château jusqu'à l'enceinte extérieure, couronnée de mâchicoulis transversaux commandant une porte et surmontée par une échauguette crénelée qui permettait de voir ce qui se passait dans la caponnière située juste à ses pieds.

La cathédrale Saint-Nazaire

La cathédrale Saint-Nazaire est un édifice composite dont la construction s'étage de la fin du XIe siècle (la première pierre a été bénie par le pape Urbain II en 1096) au début du XIVe siècle. En 1269, le chevet du premier édifice roman est détruit et remplacé par un important ensemble (transept et chœur) de style gothique rayonnant. D'autres constructions (chapelles) se greffent sur ce noyau aux XIIIe et XIVe siècles. Au XIXe siècle, les parties extérieures sont très restaurées par Viollet-le-Duc.

La façade ouest de la cathédrale (époque romane) comprend un grand pignon, fortifié par Viollet-le-Duc et dépourvu de porte. La nef et les bas-côtés sont recouverts d'une toiture commune à deux versants. Le chevet, polygonal, est typique de l'architecture gothique du Midi. Le contrebutement se fait par des contreforts, sans l'intermédiaire d'arcs-boutants. Ce chevet est éclairé par de longues fenêtres à deux lancettes divisées par un meneau. Le mur oriental du transept comprend des fenêtres à trois lancettes. En avant de la façade sud, se trouve la chapelle de l'évêque Radulphe, édifiée au XIIIe siècle et prolongée à l'ouest par une sacristie.

On entre dans la cathédrale par une porte romane située sur la face nord. Cette porte comprend des voussures en forme de boudins retombant sur cinq colonnettes ornées de chapiteaux. Seuls les deux chapiteaux proches de la porte sont anciens, les autres,

comme le tympan, le trumeau et les modillons de la corniche datent de la restauration de Viollet-le-Duc.

La **nef** romane (achevée vers 1130) est voûtée en berceau brisé et comprend six travées. Elle est encadrée par deux étroits collatéraux voûtés en plein cintre. Les grandes arcades de la nef et les arcs doubleaux retombent alternativement sur des piliers carrés, flanqués de quatre demi-colonnes engagées, et sur de gros piliers circulaires. Les demi-colonnes élèvent leurs chapiteaux plus ou moins haut suivant qu'elles reçoivent les retombées des grandes arcades ou celles de doubleaux. Au contraire, les piliers ronds n'ont qu'un chapiteau, en forme de corbeille circulaire à deux étages. Les autres chapiteaux ont une décoration variée : motifs dérivés du corinthien, de la feuille d'eau, entrelacs carolingiens et motifs géométriques. Les bas-côtés sont étroits et couvert d'un berceau en plein cintre dont les retombées se font au niveau de la voûte de la nef.

L'éclairage est assuré par d'étroites fenêtres percées dans les murs des collatéraux et par trois petits *occuli* ouverts dans le mur ouest.

Aux XVe et XVIe siècles, deux chapelles ont été élevées entre deux travées, à l'ouest du collatéral sud. L'une est consacrée à Sainte Jeanne d'Arc, l'autre est occupée par les fonts baptismaux.

Le contraste entre cette partie, assez sombre, et la partie gothique, élevée à partir de 1269 à l'emplacement du transept et du chœur roman, est saisissant. La partie gothique est lumineuse, légère et élancée. Mais en dépit de ce contraste, la transition entre les deux constructions est particulièrement bien réussie.

Chaque bras du **transept** se compose de trois travées rectangulaires qui forment trois petites chapelles à chevet plat. Les arcades qui séparent chaque chapelle sont allongées, légères et élégantes. Les vitraux des deux chapelles jouxtant le chœur au nord et au sud se font pendant. Au nord (à gauche lorsqu'on regarde le chœur), est représenté l'arbre de Jessé. Dans les trèfles de la partie supérieure est figuré le Jugement dernier, dans les trilobes latéraux, la Résurrection des morts. Au sud (à droite), le vitrail figure dans sa partie inférieure Adam et Eve entourés de l'arche de Noé et de l'Arche d'alliance, substituées au XIXe siècle à la représentation des quatre fleuves du Paradis. Sur le reste de la verrière, les événements de la vie du Christ sont associés aux douze vertus et à des personnages de l'Ancien Testament. Un texte de saint Bonaventure est inscrit sur une banderole. Ces vitraux, du XIVe siècle, ont été très restaurés au XIXe siècle.

La partie supérieure du mur nord du transept est éclairée par une rose circulaire, celle du mur sud, par une rose encadrée dans un arc brisé aux angles ajourés qui forme une vaste verrière. Les vitraux de la rose nord ont une tonalité générale verte et violette. Au centre, la Vierge est escortée d'anges thuriféraires agitant des encensoirs. On remarque, dans les trèfles, à la pointe des douze pétales de la rose, les vierges et les confesseurs, dans ceux de la circonférence, des anges. La tonalité de la rose sud est plus chaude. Au centre, le Christ en majesté est accompagné du blason de l'évêque Pierre de Rochefort. Dans les trilobes et quadrilobes, prennent place les animaux symboliques et les effigies des Pères de l'Eglise.

Le **chœur** est formé d'une travée droite et d'une abside polygonale. La travée droite est recouverte d'une voûte sexpartite, exceptionnelle à la fin du XIIIe siècle. Contre les colonnes du chœur, se trouvent vingt-deux statues représentant des personnages du Nouveau Testament. Ces statues font penser à la Sainte-Chapelle de Paris. Mais, contrairement à ces dernières, elles ont été sculptées directement dans la pierre des piliers, au fur et à mesure de la construction. Le chœur

comprend une série de vitraux des XIVe et XVIe siècles. Le vitrail du centre ainsi que ceux du nord et du sud sont formés de petits médaillons superposés relatant les vies des saints Pierre et Paul (vitrail nord), des saints Nazaire et Celse (vitrail sud). Le vitrail du centre est consacré à la vie du Christ. Tous ces vitraux datent du début du XIVe siècle. Les vitraux des deux fenêtres intermédiaires (XVIe siècle) entourant la fenêtre du centre, représentent les patrons du diocèse : saint Celse présenté à saint Nazaire par sa mère (vitrail de gauche), l'enfance de la Vierge (vitrail de droite).

Sur les dernières travées de la nef, prennent place deux chapelles symétriques, de deux travées chacune, rajoutées au XIVe siècle.

La chapelle du nord, connue sous le nom de **chapelle Pierre de Rochefort** (évêque de 1300 à 1320), a été élevée du vivant de ce dernier. Elle a été achevée après sa mort pour recevoir son monument. Ce dernier consiste en trois niches surmontées de gâbles et dans lesquelles prennent place la statue de l'évêque entourée de ses deux archidiacres. Sous le soubassement, treize clercs et chanoines forment le cortège funèbre. La pierre tombale de Pierre de Rochefort est scellée dans le sol, un peu en avant de ce monument. En face, on remarque deux statues (XIVe siècle) des saints Pierre et Paul.

La **chapelle Pierre de Rodier**, au sud, a été créée par l'évêque de ce nom (1324-1330). Elle abritait son tombeau, depuis longtemps disparu. Une clé de voûte et un vitrail portent encore les armes du fondateur.

Située en avant de la face sud, la **chapelle de l'évêque Radulphe** (cf. plus haut), a été construite au XIIIe siècle, avant le chœur et le transept. Complètement indépendante, elle comprend un chœur formé d'une abside polygonale et d'une travée droite et une nef à deux travées droites. Contre le mur ouest, prend place

La salle haute du « grand donjon », pièce principale de ce bâtiment, abrite une partie du musée lapidaire. Les objets exposés ici datent de l'époque carolingienne et romane. On remarque une très belle fontaine (seconde moitié du XIIe siècle) provenant de Lagrasse ou de Fontfroide.

Le château « comtal », front est

Véritable citadelle, appuyée sur une portion de l'enceinte extérieure à l'ouest, le château « comtal » a été puissamment fortifié au début du XIIIᵉ siècle (ou à la fin du siècle précédent suivant les thèses). Il est isolé de la cité par un fossé et par une muraille ponctuée de quatre tours (tour de Saint-Paul, tour des Casernes, tour du Major et tour du Degré), dotée d'un châtelet.

1. A la hauteur du châtelet, le fossé est précédé par une barbacane semi-circulaire dans laquelle prend place une tour-porte. Cet ouvrage, très restauré (sauf la tour-porte) a été construit après 1240.

2. Vue d'ensemble du front oriental, prise des fossés avec, de gauche à droite, le châtelet, la tour des Casernes et la tour du Major.

3. *Le châtelet est composé de deux tours jumelles avec corps de bâtiment central percé d'une porte défendue par des herses, mâchicoulis et assommoir.*

4. *Le front oriental vu de l'angle nord-est avec son enfilade de tours. Au premier plan, la tour du major, puis la tour des Casernes, le châtelet et la tour Saint-Paul.*

5. *La tour des Casernes vue du fossé. On notera la solide base talutée et les hourds, reconstitués par Boeswilwald à partir des dessins de Viollet-le-Duc.*

Le château « comtal », les cours intérieures

La cour du château est délimitée au sud, à l'est et au nord par la chemise construite à la fin du XIIe ou au début du XIIIe siècle et à l'ouest par l'enceinte extérieure. Dans ce vaste périmètre, prennent place un certain nombre de constructions s'étageant du début du XIIe siècle au XVIe siècle.

1. Au sud (à gauche en entrant), la cour est délimitée par un vaste bâtiment composite : base du XIIe siècle, partie supérieure du XIIIe siècle, fenêtre à meneaux percée au XVe siècle. La partie en colombage à gauche, adossée à la tour sud du châtelet, a été construite en 1959. Elle correspond à une extension du XVIe siècle. On remarque tout à fait à droite, le passage voûté en berceau conduisant à la cour sud.

2. Perpendiculairement à ce premier bâtiment, le « petit donjon », édifié vers 1120-1125, s'appuie sur l'enceinte extérieure ouest. Il comprend une salle voûtée décorée de peintures du début du XIIIe siècle.

3. *Côté est, la cour est délimitée par le front oriental de la chemise. On voit ici la face intérieure de la tour des Casernes.*

4. *Cette dernière est percée au second étage d'une fenêtre géminée du XIIe siècle, réemploi provenant d'un édifice de la cité.*

5. *Portion nord de la chemise, vue de la cour. A gauche, la tour du Degré, à droite la tour du Major. C'est en avant de ce mur d'enceinte que s'élevait la chapelle du château.*

6. *Entre le grand bâtiment qui délimite la cour au sud (photo 1) et la courtine sud a été édifié au XIIIe siècle un second bâtiment s'appuyant sur la courtine. On distingue les corbeaux sur lesquels s'appuyaient les poutres de la salle principale de ce bâtiment, une grande fenêtre avec coussièges et les restes d'une cheminée. A gauche, le dos de la tour de Saint-Paul.*

Le château « comtal », front ouest

1. *Le front ouest du château « comtal » vu de l'emplacement de la grande barbacane. Au premier plan, la caponnière qui monte vers le château, formant un angle droit puis l'enceinte extérieure et les défenses de la poterne du château. Au-dessus de ces dernières, de gauche à droite : l'ouvrage construit à cheval sur les lices pour barrer le chemin aux assaillants venant du sud (reconstitution de Viollet-le-Duc), la tour Pinte, le « grand donjon » avec son pignon à redans, le « petit donjon », l'échauguette du château, les tours de la Poudre et de la Chapelle.*

2. *La tour Pinte et le « grand donjon ». La tour Pinte, reconstruite sur une base antique au XIIe siècle puis surélevée et intégrée au château après 1125, constitue un remarquable observatoire. Le « grand donjon » a été doté, arbitrairement, d'un pignon à redans (reconstitution du début du XXe siècle sur les plans de Viollet-le-Duc).*

3. *Pour accéder à la poterne du château, les ingénieurs royaux ont imaginé toute une série d'obstacles reconstitués par Viollet-le-Duc. Ici, une première porte surmontée d'un crénelage hourdé.*

4

5

4. *Une seconde porte donne accès à un couloir.*

5. *Ce couloir, surmonté de deux étages selon Viollet-le-Duc (hypothèse non vérifiée), se termine par une troisième porte, étroite. Au-dessus de cette dernière une traverse avec échauguette est en communication avec le chemin de ronde du château.*

6. *Le débouché du couloir vu des lices. La petite porte étroite à gauche permet l'accès aux lices vers le sud. La poterne du château est située dans le renfoncement au premier plan à gauche. L'arc de pierre en plein cintre qui s'appuie sur la tour de la Poudre d'un côté et sur la traverse de l'autre, supportait un ouvrage probablement en bois, muni d'assommoirs qui protégeaient la porte.*

7. *La poterne du château est située à sept mètres sous le niveau de la cour.*

6

7

le tombeau de l'évêque Radulphe, découvert en 1839 par J.P. Cros-Mayrevieille sous un remblai de terre. L'effigie de l'évêque se détache en demi-relief dans une niche peu profonde. Il est debout et bénit de la main droite. A ses pieds est figuré un sarcophage reposant sur trois colonnettes. La partie inférieure de ce sarcophage représente la mort du prélat, entouré de ses chanoines. Ces figurines, très altérées, ont été restaurées au XIXᵉ siècle.

La tour de la Chapelle, à l'angle nord-ouest du château. Elle a été reconstituée dans le style « antique » modifié au XIIIᵉ siècle par Viollet-le-Duc. On remarquera sa base fortement talutée.

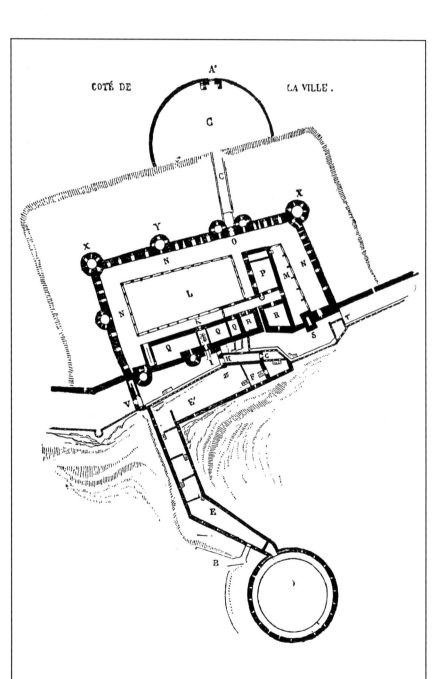

Plan général des défenses du château (d'après Viollet-le-Duc).

La tour Pinte et sa fenêtre géminée du XIIIᵉ siècle donnant sur l'Aude.

Vue cavalière du château et de la barbacane. Cet extraordinaire édifice circulaire a été détruit en 1816 (dessin de Viollet-le-Duc).

1. *On distingue sur cette photo prise au pied du château, au premier plan le mur crénelé de la grande caponnière, au second plan l'enceinte extérieure puis, juste derrière, les tours de la Poudre (à droite) et de la Chapelle (à gauche) et la courtine qui les relie.*

2. *Le châtelet qui barre les lices juste avant la tour Pinte est une reconstitution hypothétique d'après les plans de Viollet-le-Duc.*

3. *L'échauguette du château, construite au bout d'une traverse enjambant les lices, participe au système compliqué destiné à rendre très difficile l'accès à la poterne du château.*

4. *Cette autre traverse, percée d'une porte et surmontée d'un chemin de ronde crénelé, coupe les lices à la hauteur de la tour de la Chapelle. Son rôle est de couper le passage aux assaillants se dirigeant vers la poterne du château.*

5. *Détail de deux chapiteaux du portail nord de la cathédrale Saint-Nazaire (XIIᵉ siècle). Seuls les deux chapiteaux les plus rapprochés de la porte sont anciens (mais restaurés). Les autres datent du XIXᵉ siècle.*

6. *L'adoration des mages. Enluminure extraite de l'évangéliaire de Saint-Nazaire (fin du XIIIᵉ siècle).* (A.D. Aude G.288, f°13v°/DR.)

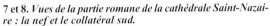

7 et 8. *Vues de la partie romane de la cathédrale Saint-Nazaire : la nef et le collatéral sud.*

9. *Le chœur de la chapelle de Guillaume Radulphe (milieu XIIIe siècle). C'est la première manifestation du gothique à Carcassonne.*

10 . *La partie centrale du registre inférieur du monument funéraire de l'évêque Pierre de Rochefort : procession des officiants et assistants à la cérémonie funéraire de l'évêque. De gauche à droite : un diacre avec sa chape (grande cape) à fermail, un chanoine coiffé de son aumusse (sorte de bon-*

net carré en fourrure ou doublé de fourrure), un clerc tonsuré portant la croix, un autre clerc tonsuré portant l'aspersoir et un autre chanoine, toujours coiffé de l'aumusse.

11. *L'effigie de l'évêque Guillaume Radulphe surmontant son sarcophage (mur ouest de la chapelle de cet évêque), vers 1263-1266. Elle est traitée « dans un modelé sommaire avec quelques ondulations larges et raides pour la base du corps et un plissé superficiel pour la chasuble qui se creuse de quelques plis triangulaires ». (M. Pradalier-Schlumberger.)*

La cathédrale Saint-Nazaire

La cathédrale Saint-Nazaire comprend une partie romane (nef), commencée en 1096, achevée vers 1130 et une partie gothique (transept et chœur), commencée en 1269. A cet ensemble ont été adjoint du milieu du XIIIᵉ à la fin du XVᵉ siècle, trois chapelles (chapelle Radulphe, collée au bras sud du transept, chapelle Pierre de Rochefort, contre la nef au nord et chapelle Pierre de Rodier, contre la nef au sud). L'extérieur de cet édifice, construit dans un grès friable, a été très restauré par Viollet-le-Duc à partir de 1845.

La façade ouest comprend un grand pignon fortifié, dû à Viollet-le-Duc. C'est l'une des reconstitutions les plus contestées de l'architecte.

La façade sud avec à gauche, la nef romane, à droite le transept et le chœur gothique. Contre le transept, s'appuie une sacristie suivie de la chapelle de l'évêque Radulphe. On aperçoit des départs de colonne appartenant à l'ancien cloître détruit à la Révolution.

Le chevet de la cathédrale : le bras sud du transept et le chœur polygonal, percés de grandes baies. Toutes les sculptures des parties hautes ont été reconstituées par Viollet-le-Duc.

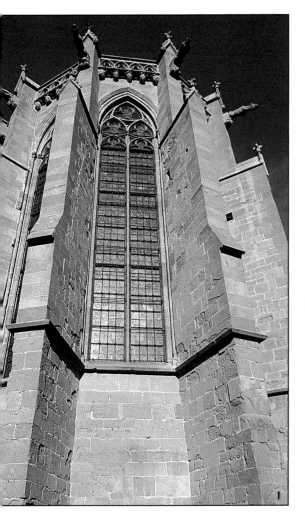

1. *Le chœur avec ses puissants contreforts.*

2. *Corbeau à tête humaine provenant de Saint-Nazaire (portail roman ?), aujourd'hui exposé au musée lapidaire du château « comtal ».*

3. *Enluminure montrant le martyr des saints Nazaire et Celse, patrons de la cathédrale, figurant dans l'évangéliaire de Saint-Nazaire (XIIIᵉ siècle). (A.D. Aude, G 288, f°258 r°.)*

1. *La nef et le bas-côté sud vus du transept (première moi-tié du XIIe siècle). Les grandes arcades de la nef et les arcs doubleaux reposent en alternance sur de gros piliers circu-laires et sur des piliers carrés flanqués de quatre colonnes engagées.*

2. *Le bras nord du transept et le chœur (fin XIIIe siècle). Cette partie de la cathédrale, très lumineuse se greffe harmo-nieusement sur la partie romane, plus sombre. On remar-quera la grande rose du mur nord du transept et les statues sculptées sur les piliers du chœur.*

3. *Le chœur est un chef-d'œuvre de légèreté et d'élégance. Le vitrail du centre est du XIVe siècle, les deux qui l'encadrent du XIVe siècle, les deux suivants du XIVe siècle.*

4. *Le Christ bénissant, statue du chœur. Les vingt-deux statues ornant les piliers du chœur font penser à celles de la Sainte Chapelle de Paris mais contrairement à ces dernières, elles ont été sculptées directement dans la pierre des piliers. Leur style, en revanche, est spécifiquement carcassonnais.*

5. *La partie supérieure du monument funéraire de l'évêque Pierre de Rochefort comprend trois statues s'inscrivant dans des niches. L'évêque, au centre, est entouré de ses deux archidiacres.*

Conclusion

Pendant longtemps, la restauration de la cité de Carcassonne par Eugène Viollet-le-Duc et ses continuateurs a fait l'objet de multiples critiques. Les plus anciens ont regretté la disparition des éléments qui faisaient le charme romantique de la cité, d'autres ont dénoncé les erreurs et les maladresses commises par les architectes, certains ont même vu dans cette entreprise, une nouvelle manifestation de l'arrogance et de la domination de l'administration parisienne !

Quoiqu'on en pense, les travaux de Viollet-le-Duc ont permis de sauver un ensemble exceptionnel dont l'intérêt architectural mérite encore une fois d'être souligné. La cité apparaît en effet comme un véritable conservatoire des styles et des techniques de fortification et de défense. Chaque époque y a en effet imprimé sa marque : les constructions gallo-romaines et « wisigothes » (les mieux conservées de France) côtoient des éléments édifiés ou complétés par les vicomtes de Carcassonne au XIIe siècle (château « comtal »). A cela s'ajoute un remarquable ensemble de fortifications du XIIIe siècle, dues aux ingénieurs royaux, porteurs de nouvelles techniques de construction et de défense, et qu'il faut interpréter comme la manifestation la plus éclatante de la puissance des souverains capétiens en Languedoc. On ne manquera pas aussi de mentionner le travail de Viollet-le-Duc, représentatif d'une époque où les architectes, faisant fi de faux scrupules, ne rechignaient pas devant la reconstitution et accordaient une grande place à l'esthétique, pour le plus grand plaisir des visiteurs...

Il est à souhaiter que la cité, récemment classée au patrimoine mondial de l'Unesco, ne s'endorme pas sur ses lauriers et que les différents programmes, prévus depuis longtemps voient enfin le jour (l'accès à la totalité du chemin de ronde de l'enceinte intérieure, à certaines tours comme la tour de la Vade ou les tours de la porte Narbonnaise). Et pourquoi ne pas imaginer, à la suite de Viollet-le-Duc, la reconstitution (jamais achevée) de la grande caponnière et de ses défenses ou encore, la pose de hourds sur d'autres parties du château ou même des fortifications...

Achevé d'imprimer sur les presses de l'imprimerie Néo Typo
pour le compte des Editions Heimdal, avril 2004

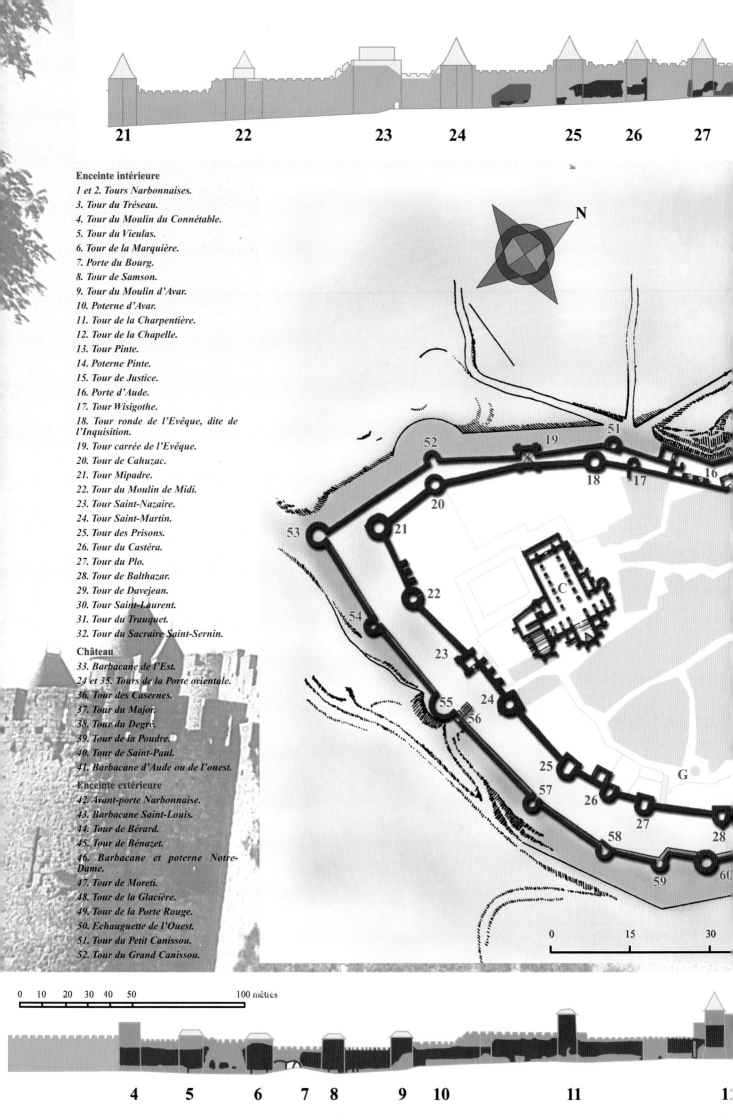

21 22 23 24 25 26 27

Enceinte intérieure

1 et 2. Tours Narbonnaises.
3. Tour du Tréseau.
4. Tour du Moulin du Connétable.
5. Tour du Vieulas.
6. Tour de la Marquière.
7. Porte du Bourg.
8. Tour de Samson.
9. Tour du Moulin d'Avar.
10. Poterne d'Avar.
11. Tour de la Charpentière.
12. Tour de la Chapelle.
13. Tour Pinte.
14. Poterne Pinte.
15. Tour de Justice.
16. Porte d'Aude.
17. Tour Wisigothe.
18. Tour ronde de l'Evêque, dite de l'Inquisition.
19. Tour carrée de l'Evêque.
20. Tour de Cahuzac.
21. Tour Mipadre.
22. Tour du Moulin de Midi.
23. Tour Saint-Nazaire.
24. Tour Saint-Martin.
25. Tour des Prisons.
26. Tour du Castéra.
27. Tour du Plo.
28. Tour de Balthazar.
29. Tour de Davejean.
30. Tour Saint-Laurent.
31. Tour du Trauquet.
32. Tour du Sacraire Saint-Sernin.

Château

33. Barbacane de l'Est.
24 et 35. Tours de la Porte orientale.
36. Tour des Casernes.
37. Tour du Major.
38. Tour du Degré.
39. Tour de la Poudre.
40. Tour de Saint-Paul.
41. Barbacane d'Aude ou de l'ouest.

Enceinte extérieure

42. Avant-porte Narbonnaise.
43. Barbacane Saint-Louis.
44. Tour de Bérard.
45. Tour de Bénazet.
46. Barbacane et poterne Notre-Dame.
47. Tour de Moreti.
48. Tour de la Glacière.
49. Tour de la Porte Rouge.
50. Echauguette de l'Ouest.
51. Tour du Petit Canissou.
52. Tour du Grand Canissou.

0 10 20 30 40 50   100 mètres

4   5   6   7 8   9   10   11   12